KURZE EINFÜHRUNGEN
IN DIE GERMANISTISCHE LINGUISTIK

Band 7

Herausgegeben von
Jörg Meibauer
und
Markus Steinbach

ROLF THIEROFF
PETRA M. VOGEL

Flexion

Zweite,
aktualisierte Auflage

Universitätsverlag
WINTER
Heidelberg

Bibliografische Information der Deutschen Nationalbibliothek
Die Deutsche Nationalbibliothek verzeichnet diese Publikation
in der Deutschen Nationalbibliografie;
detaillierte bibliografische Daten sind im Internet
über *http://dnb.d-nb.de* abrufbar.

ISBN 978-3-8253-6017-7
2. Auflage 2012

Imprimé en Allemagne · Printed in Germany
Druck: Memminger MedienCentrum, 87700 Memmingen

Gedruckt auf umweltfreundlichem, chlorfrei gebleichtem
und alterungsbeständigem Papier

Den Verlag erreichen Sie im Internet unter:
www.winter-verlag.de

www.kegli-online.de

Vorwort

Die Beschäftigung mit Konjugation und Deklination im Neuhochdeutschen ist noch immer ein Stiefkind der Grammatikschreibung, trotz der bahnbrechenden Arbeiten von Vertretern der Natürlichen Morphologie wie Mayerthaler (1981) oder Wurzel (1984). Selbst in den Grammatiken des Deutschen spielt die Darstellung der Flexionsmorphologie meist eine eher untergeordnete Rolle. Zwar finden sich durchaus Paradigmentafeln, besonders nominaler Einheiten, wie etwa in Engel (2004), Helbig/Buscha (2001), Hentschel/Weydt (2003) und anderen, doch werden in der Regel lediglich herkömmliche Klassifizierungen reproduziert, ohne ihre Berechtigung zu hinterfragen, oder es wird fast gänzlich auf strukturierte Informationen zur Flexion verzichtet (so etwa in Wellmann (2008)). Eine ausführlichere, teilweise auch problemorientierte Darstellung der Flexionsmorphologie bieten lediglich Duden (2009) und Eisenberg (2006a, 2006b).

Während in den letzten Jahren eine ganze Reihe von Einführungen in die Wortbildungslehre und Gesamtdarstellungen der Wortbildung im Deutschen erschienen sind, fehlt eine Einführung in die Flexionsmorphologie, den zweiten Großbereich der Morphologie, bis heute. Das vorliegende Buch soll diese Lücke schließen.

In jedem Kapitel wird zunächst ein Überblick über die tradierten Auffassungen geboten, so wie sie sich in den meisten Grammatiken finden. Daran anschließend werden diese im Lichte neuerer Erkenntnisse modifiziert und erweitert. So werden beispielsweise im verbalen Bereich das so genannte Doppelperfekt und Doppelplusquamperfekt mit berücksichtigt und der Status der *würde*-Formen diskutiert, beim Substantiv werden so genannte unterspezifizierte Paradigmen vorgestellt, beim Adjektiv wird die vorgebliche Nicht-Komparierbarkeit von Adjektivgruppen kritisch hinterfragt, bei den Artikelwörtern und Pronomina wird eine neue Klassifikation vorgeschlagen. Die Aufgaben sind meist so gestaltet, dass sie Anregungen zum Weiterdenken geben.

Wir danken Christina Alfes, Carolin Baumann, Jana Koch, Renate Musan, Nathalie Nicolay, Sarah Roß, Taivi Rüüberg und Solvejg Schulz für das geduldige Lesen verschiedener Manuskriptfassungen und für hilfreiche und kritische Kommentare und Verbesserungsvorschläge, ohne die das Buch in der vorliegenden Form nicht denkbar wäre.

Inhaltsverzeichnis

Optional

1. Einführung

Unter Flexion (lat. *flexio* ‚Biegung, Beugung') versteht man die regelhafte Abwandlung eines Wortes nach bestimmten Merkmalklassen mit ihren jeweiligen grammatischen Bedeutungen bzw. Merkmalen. Sowohl die Merkmalklassen wie die Merkmale selbst werden in der Literatur auch als grammatische Kategorien bezeichnet.

Alle flektierbaren Wörter werden nach den Merkmalklassen, nach denen sie sich verändern können, in Wortarten eingeteilt. Verben flektieren nach den Merkmalklassen Person (1., 2., 3. Person), Numerus (Singular, Plural), Tempus (Präsens, Präteritum usw.), Modus (Indikativ, Konjunktiv, Imperativ) und Genus Verbi (Aktiv, Passiv). Substantive, Adjektive und Artikel flektieren nach Numerus und Kasus (Nominativ, Akkusativ usw.). Bei Artikeln und Adjektiven kommt zusätzlich noch Genus (Maskulinum, Neutrum, Femininum) hinzu, bei Adjektiven auch noch Komparation (Positiv, Komparativ, Superlativ) sowie eine Merkmalklasse mit den Merkmalen stark und schwach (sichtbar z.B. in *heißer Kaffee* vs. *der heiße Kaffee*). Die Gruppe der Pronomina ist sehr divers, in jedem Fall werden sie aber nach der Merkmalklasse Kasus dekliniert. Meist kommt zusätzlich Numerus und Genus hinzu, bei manchen auch noch Person (z.B. bei *ich* oder *mein* die 1. Person).

Die genannten Merkmale werden in der Regel mit Hilfe von Flexionsmorphemen realisiert. Die Realisierung kann sehr unterschiedlich sein. So hat der Komparativ am Adjektiv immer ein eigenes Morphem *-er* (z.B. *laut-er*), während Person und Numerus am Verb zusammen realisiert sind (z.B. zeigt *-t* in *er geh-t* gleichzeitig 3. Person und Singular an). Andere Merkmale, wie Präsens beim Verb oder Singular beim Substantiv, sind nur implizit vorhanden, nicht durch ein Morphem repräsentiert.

Die Flexionsmorpheme heißen auch Flexive und das, was von der Wortform übrig bleibt, wenn man die Flexive abstreicht, wird als Stamm bezeichnet. Alle Flexive sind an einen Stamm gebunden und deshalb Affixe. Bis auf eine Ausnahme folgen sie außerdem auf diesen, weshalb sie Suffixe genannt werden (im Gegensatz zu Präfixen wie in **ver**-*bind-(en)*). Die einzige Ausnahme stellen die Flexive zur Partizip Perfekt- bzw. Partizip II-Bildung dar, z.B. *ge-t* wie in *ge-lach-t*. Da hier ein präfixaler Teil und ein suffixaler Teil vorkommen, spricht man von einem Zirkumfix.

Manchmal wird ein Merkmal nicht durch ein Morphem, sondern durch einen Vokalwechsel im Stamm ausgedrückt, entweder alleine (z.B. die Präteritumbildung *ich sang* zum Infinitiv *singen*) oder in Kombination mit einem Flexiv (z.B. die Pluralbildung von *Stuhl* zu *Stühl-e*). Dabei handelt es sich im Deutschen um den so genannten Ablaut und den Umlaut, wobei die beiden Termini sowohl für die Ersetzungsprozesse als auch für die ersetzenden Vokale selbst stehen. Beide sind historisch bedingt und für einen Sprecher des Gegenwartsdeutschen nur bedingt erkenn- und nachvollziehbar. Der Ablaut erscheint bei der Bildung des Präteritums und Partizips II so genannter starker Verben (vgl. 3.1), z.B. *schwimmen – schwamm – geschwommen*. Alle anderen Vokalwechsel sind dagegen im Allgemeinen Umlaute (erkennbar vor allem an den „Umlaut-Buchstaben" <ä, ö, ü>). Umlaute treten in der Pluralbildung der Substantive auf (z.B. *Lamm – Lämmer*), der Komparation der Adjektive (z.B. *lang – länger*) und der Konjunktivbildung der starken Verben (z.B. *ich bot – ich böte*).

Nach einem kurzen Überblick über flektierbare und nicht-flektierbare Wortarten im folgenden Kapitel wird die Flexion des Deutschen nach Wortarten geordnet vorgestellt und besprochen.

2. Die Wortarten

Prinzipiell kann man Wörter nach vielen verschiedenen Kriterien in Gruppen einteilen. Im Hinblick auf ein Lexikon ist beispielsweise der Anfangsbuchstabe relevant, für Kreuzworträtsel unter anderem die Anzahl der Buchstaben eines Wortes. Aus Sicht des Sprachbaus ist vor allem die korrekte Verwendung von Wörtern im Satz wichtig. So können Wörter wie *wir, sowohl* oder *über* im Deutschen nicht das Prädikat bilden und *singst* oder *lachte* nicht das Subjekt oder Objekt. Das liegt auch an der Morphologie oder dem Aufbau der Wörter selbst. Im Deutschen muss ein Wort, das das Prädikat bildet, regelhaft bestimmte grammatische Elemente oder Morpheme zu sich nehmen können, etwa die Endung *-t* für die 3. Person Singular des Präsens (*lach-t*, aber nicht **über-t*). Damit können Wörter auf einer ersten Ebene danach eingeteilt werden, ob sie flektieren oder nicht, wobei innerhalb der beiden Gruppen weitere Unterteilungen möglich sind. Eine mögliche Einteilung ist die in insgesamt neun **Wortarten**: Verb, Substantiv, Adjektiv, Artikel, Pronomen, Präposition, Konjunktion, Adverb, Partikel.

2.1 Flektierende Wortarten

Als **flektierende Wortarten** werden im Allgemeinen Verb, Substantiv, Adjektiv und Artikel/Pronomen betrachtet. Die Flexion der Verben heißt **Konjugation**, die der anderen Wortarten **Deklination**. **Verben** konjugieren nach fünf Merkmalklassen mit ihren jeweiligen grammatischen Bedeutungen bzw. Merkmalen.

(1) Merkmalklassen und Merkmale des Verbs

Person	1., 2., 3. Person (hier Plural: *wir singen, ihr singt, sie singen*)
Numerus	Singular, Plural (hier 2. Person: *du singst, ihr singt*)
Tempus	Präsens (*du singst*), Präteritum (*du sangst*), Perfekt (*du hast gesungen*), Plusquamperfekt (*du hattest gesungen*), Doppelperfekt (*du hast gesungen gehabt*), Doppelplusquamperfekt *(du hattest gesungen gehabt)*, Futur I (*du wirst singen*), Futur II (*du wirst gesungen haben*)
Modus	Indikativ, Konjunktiv, Imperativ (*du singst, du singest, sing(e)!*)
Genus verbi	Aktiv, Passiv (*du schlägst, du wirst geschlagen*)

Substantive haben ein festes Genus (Maskulinum, Neutrum, Femininum) und deklinieren nach den zwei Merkmalklassen Numerus und Kasus mit ihren jeweiligen Merkmalen. Dabei zeigt sich die Veränderung allerdings oft nicht mehr am Substantiv selbst, sondern beispielsweise nur an Artikel und Adjektiv, z.B. *den großen Tisch_*.

(2) Merkmalklassen und Merkmale des Substantivs

Numerus	Singular, Plural (*der Tisch, die Tische*)
Kasus	Nominativ, Akkusativ, Dativ, Genitiv (*der Tisch, den Tisch, dem Tisch, des Tisches*)

Beide Merkmalklassen treten auch bei **Adjektiven** auf. Hinzu kommen weitere drei Merkmalklassen: Genus, eine Merkmalklasse mit den Merkmalen stark und schwach sowie Komparation.

(3) Merkmalklassen und Merkmale des Adjektivs

Numerus	Singular, Plural (*ein roter Tisch, rote Tische*)
Kasus	Nominativ, Akkusativ, Dativ, Genitiv (*ein roter Tisch, einen roten Tisch, einem roten Tisch, eines roten Tisches*)
Genus	Maskulinum, Neutrum, Femininum (*ein roter Stuhl, ein rotes Kissen, eine rote Lehne*)
stark/schwach	stark (*heißer Kaffee*), schwach (*der heiße Kaffee*);
Komparation	Positiv, Komparativ, Superlativ (*der kleine Tisch, der kleinere Tisch, der kleinste Tisch*)

Vor allem aus der Schule ist für Substantive auch der Begriff **Nomen** bekannt. In der Linguistik ist der Terminus jedoch vieldeutig. Er kann sich nämlich nicht nur auf Substantive beziehen, sondern auch als Oberbegriff für Substantiv und Adjektiv fungieren oder sogar alle deklinierenden Wortarten umfassen. Auf Grund dieser Unklarheiten wird „Nomen" hier nicht verwendet.

Artikel und Pronomen werden außerdem oft in ihrer Funktion als Begleiter und/oder Stellvertreter von Substantiven in einer Kategorie zusammengefasst.

Die **Artikel** werden dabei in den definiten (*der*) und den indefiniten Artikel (*ein*) unterteilt und können nur Begleiter von Substantiven sein. Sie deklinieren nach Genus, Kasus und Numerus. Manche Grammatiken gehen davon aus, dass es darüber hinaus auch einen Null-Artikel gebe, z.B. *ein Haus – Ø Häuser*.

Pronomina heißen so, weil sie „für Nomina", d.h. als Stellvertreter von Substantiven oder Substantivgruppen bzw. Nominalphrasen (NPs) auftreten können, z.B. *Sabine/meine Freundin singt =>
sie singt*. Sie werden üblicherweise nach ihrer Bedeutung in Demonstrativ-, Indefinit-, Interrogativ-, Personal-, Possessiv-, Reflexiv- und Relativpronomina klassifiziert. Sie deklinieren in der Regel wie Substantive und Adjektive nach Numerus, Kasus und Genus. Personal- und Possessivpronomina unterscheiden im Stamm zusätzlich nach den drei Personen (z.B. *ich/du/er*; *mein/dein/sein*).

(4)	Demonstrativpronomen	z.B. *dieser, jener*
	Indefinitpronomen	z.B. *jemand, nichts, etwas, manche*
	Possessivpronomen	*mein, dein, sein*
	Interrogativpronomen	*wer, was, welcher*
	Personalpronomen	*ich, du, er, man*
	Reflexivpronomen	*sich*
	Relativpronomen	*der, wer, was, welcher*

Demonstrativ- und Possessivpronomina können aber nicht nur stellvertretend, sondern auch begleitend stehen.

| (5) | Demonstrativpronomen | z.B. *dieser/jener Teich* |
| | Possessivpronomen | z.B. *mein Teich* |

Dasselbe gilt auch für einige Elemente aus der Gruppe der Indefinit- und Interrogativpronomina.

| (6) | Indefinitpronomen | z.B. *einige/alle/keine Teiche* |
| | Interrogativpronomen | *welcher Teich* |

Aufgrund der Tatsache, dass die Pronomina in (5) und (6) sowohl begleitend als auch stellvertretend stehen können, werden sie in diesem Buch als **Artikelpronomina** bezeichnet (vgl. Kap. 6).

2.2 Nicht-flektierende Wortarten

Als nicht-flektierende Wortarten gelten Präposition, Konjunktion, Adverb und Partikel. Der Terminus Partikel findet sich auch als Oberbegriff für alle nicht-flektierenden Wortarten. Da sich bei den nicht-flektierenden Wortarten keine morphologischen Kriterien anwenden lassen, greift man hier auf syntaktische und/oder semantische zurück.

Präpositionen stehen im Allgemeinen vor einer Nominalphrase (NP) und weisen ihr einen bestimmten Kasus zu. Der Kasus ist dabei von der jeweiligen Präposition abhängig. Eine NP enthält immer entweder ein Substantiv, ein Pronomen oder ein (substantiviertes) Adjektiv als so genannten Kern. Dieser Kern kann durch Adjektive, Pronomina und Artikel erweitert sein. So stehen in den folgenden Beispielen die Präpositionen *in* und *auf* mit einer NP im Akkusativ: *in diesen tiefen Teich* (*Teich* = Substantiv und Kern der NP *diesen tiefen Teich*), *auf das einzig Gute* (*Gute* = substantiviertes Adjektiv und Kern der NP *das einzig Gute*).

Konjunktionen verbinden ganze Sätze oder Satzteile miteinander. Diese Verknüpfung erfolgt nebenordnend oder unterordnend. Unterordnende Konjunktionen (auch: Subjunktionen) verknüpfen nur Sätze miteinander und zwar leiten sie Nebensätze ein: *Petra träumte, **dass** sie Sängerin wäre*. Die wichtigsten unterordnenden Konjunktionen sind *dass* (semantisch neutral), *nachdem* (temporal), *weil* (kausal), *falls* (konditional), *obwohl* (konzessiv), *damit* (final), *indem* (modal). Nebenordnende Konjunktionen wie *und*, *oder*, *aber* und *denn* verbinden gleichrangige Haupt- oder Nebensätze miteinander: *Petra fährt, **denn** sie läuft nicht gerne. Petra erfährt, dass sie die Prüfung bestanden hat **und** (dass sie) bald ihr Abschlusszeugnis bekommt*. Nebenordnende Konjunktionen können neben ganzen Sätzen aber auch nur Satzteile miteinander verknüpfen: *Peter **und** Petra laufen schnell **und** hastig*.

Adverbien bezeichnen Umstände eines Geschehens und sind vereinzelt komparierbar, also nicht vollständig unflektierbar, vgl. *öfter* zum Adverb *oft*: *Das mache ich oft/öfter*. Die wichtigsten semantischen Untergruppen sind Lokaladverbien (*wo?, dort, links*), Temporaladverbien (*wann?, nie, immer*), Kausaladverbien (*warum?, darum*) und Modaladverbien (*wie?, vielleicht, leider*). In manchen Grammatiken werden zu den Modaladverbien auch unflektierte Adjektive gestellt, wenn sie adverbial gebraucht sind: *Petra schwimmt **schnell***.

Partikeln (Singular: *die Partikel*) zeichnen sich vor allem dadurch aus, dass sie nicht als Satzglied fungieren und damit nicht alleine am Satzanfang vor dem Verb stehen können: *Sehr bin ich müde*. Die wichtigsten drei Gruppen sind Modal- oder Abtönungspartikeln (*Das ist ja/doch/schön schwierig*), Steigerungs- oder Gradpartikeln (*Das ist nur/sehr/auch schwierig*) und Antwortpartikeln (*Ist das schwierig? Ja/Nein*). In anderer Bedeutung und Verwendung treten dieselben Elemente in verschiedenen Wortarten auf, z.B. kann *schön* Modalpartikel oder Adjektiv sein.

2.3 Zusammenfassung

Wörter werden nach ihrer Verwendung im Satz in Wortarten eingeteilt. Das Konzept der Wortarten geht bereits auf die Antike zurück.

- Fünf Wortarten können flektieren, d.h., die jeweiligen Wörter drücken durch Affigierung und/oder Umlaut bzw. Ablaut grammatische Bedeutungen aus.
- Die fünf flektierenden Wortarten sind Verb, Substantiv, Adjektiv, Artikel, Pronomen.
- Die Flexion der Verben wird Konjugation, die der anderen Wortarten Deklination genannt.
- Als die vier nicht-flektierenden Wortarten gelten Adverb, Konjunktion, Partikel und Präposition.

Grundbegriffe: Wortart, Konjugation, Deklination, Verb, Substantiv, Adjektiv, Artikel, Pronomen, Präposition, Konjunktion, Adverb, Partikel.

Aufgabe 1: Weisen Sie den Wörtern in dem folgenden Satz ihre jeweilige Wortart zu: *Das Buch, das dort auf dem Tisch liegt, wurde von mir regelrecht verschlungen.*
Aufgabe 2: Handelt es sich bei *wegen, seit, nachdem, hinter* um eine Präposition, eine Konjunktion oder kann beides zutreffen?

Weiterführende Literatur: Duden (2009), Heidolph et al. (1981), Zifonun et al. (1997).

3. Das Verb

Verben zählen zu den flektierenden Wortarten und konjugieren nach den Merkmalklassen Person (1., 2., 3. Person), Numerus (Singular, Plural), Tempus (Präsens; Präteritum, Perfekt, Plusquamperfekt, Doppelperfekt, Doppelplusquamperfekt; Futur I, Futur II), Modus (Indikativ, Konjunktiv, Imperativ) und Genus Verbi (Aktiv, Passiv). Diese Merkmalklassen und ihre Merkmale werden in den folgenden Abschnitten näher beschrieben. Am Anfang stehen jedoch zwei Abschnitte, die sich mit grundsätzlichen morphologischen Einteilungen der Verben und Verbformen beschäftigen. Dies sind zum einen die Differenzierung in starke, schwache und unregelmäßige Verbklassen, zum anderen die Klassifizierung der verbalen Flexionsformen in finite und infinite.

3.1 Starke, schwache und unregelmäßige Verben

Starke und schwache Verben zeichnen sich gegenüber den unregelmäßigen Verben durch die Regelmäßigkeit ihrer Präteritum- und Partizip II-Bildung aus.

Starke Verben wie *singen* oder *verlieren* bilden ihr Präteritum und Partizip II regelmäßig durch einen Vokalwechsel im Stammmorphem, den so genannten Ablaut. Ihr Partizip II weist zudem das Zirkumfix *ge-en* oder das Suffix *-en* auf (zur Distribution Kap. 3.2).

(1)   a. sing-en – sang – ge-sungen-en
       b. verlier-en – verlor – verlor-en

Schwache Verben wie *kaufen* oder *verkaufen* fügen stattdessen regelmäßig im Präteritum das Suffix *-te-* und im Partizip II das Zirkumfix *ge-(e)t* oder das Suffix *-(e)t* hinzu (vgl. Kap. 3.2).

(2)   a. kauf-en – kauf-te – ge-kauf-t
       b. verkauf-en – verkauft-te – verkauf-t

Unregelmäßige Verben weichen von beiden Bildungsmöglichkeiten in irgendeiner Form ab. So können sie etwa Vokalwechsel und *(ge)-(e)t*-Zirkumfix gleichzeitig verwenden.

(3)   brenn-en – brann-te – ge-brann-t

Historisch gesehen handelt es sich in diesem Beispiel zwar um einen Vokalwechsel, nicht aber um einen Ablaut. Der Unterschied ist allerdings aus gegenwartssprachlicher Sicht nur schwer zu sehen, so dass man bei den unregelmäßigen Verben am besten grundsätzlich nur von Vokalwechsel spricht.

Im heutigen Deutsch gibt es nur noch etwa 170 starke verbale Stammmorpheme. Damit können allerdings durch Wortbildung mehr Verbstämme gebildet sein. So gehören zum Stammmorphem *fahr-(en)* auch Verben bzw. Verbstämme wie *befahr-(en)*, *erfahr-(en)*, *hinauffahr-(en)* usw. Komplexe Verbstämme weisen Besonderheiten bei der Partizip II-Bildung auf, vgl. dazu 3.2.

Die starken Verben lassen sich im heutigen Deutsch in drei Gruppen einteilen. In Beispiel (1) mit *singen – sang – gesungen* haben wir gesehen, dass hier in Präsens, Präteritum und Partizip II jeweils ein anderer Vokal vorliegt. Es können aber statt drei auch nur zwei verschiedene Vokale sein, wenn entweder Präteritum und Partizip II (4a) oder Präsens und Partizip II (4b) bezüglich des Vokals übereinstimmen.

(4) a. quell-en – qu**o**ll – ge-qu**o**ll-en
    b. f**a**hr-en – fuhr – ge-f**a**hr-en

Welche Vokale (bzw. Vokalverbindungen, vgl. *reiten – ritt – geritten*) dies sind, muss allerdings gelernt werden. Jedoch lassen sich fast alle 170 Verbstämme mit insgesamt 18 Vokalverbindungen erfassen (vgl. Duden 2009: 453f.).

Weitaus zahlreicher sind die schwachen Verben. Auch aus anderen Sprachen entlehnte Verben werden grundsätzlich schwach gebildet, z.B. *geliftet* mit *t*-Suffix, nicht *geluften* mit Vokalwechsel (möglich z.B. in Anlehnung an *gesungen*).

Falls es im Laufe der Zeit Wechsel zwischen starker und schwacher Form gibt, erfolgt dieser meist von stark zu schwach, wobei eine Zeit lang beide Formen nebeneinander bestehen können. Man vergleiche dazu im heutigen Deutsch das ursprünglich starke Verb *backen*.

(5) Präteritum- und Partizipformen von *backen*

	ALT noch stark	NEU schon schwach
Präteritum	*buk*	*backte*
Partizip II	*ge-back-en*	*?ge-back-t*

Einen seltenen Fall des umgekehrten Übergangs stellt das ursprünglich schwache Verb *winken* dar, dessen Partizip II in Analogie zu einem starken Verb wie *sinken* u.Ä. gebildet wird.

(6) Präteritum- und Partizipformen von *winken*

	ALT noch schwach	NEU schon stark
Präteritum	*winkte*	—
Partizip II	*ge-wink-t*	*ge-w**u**nk-en*

Die Gruppe der unregelmäßigen Verben fungiert schließlich als Restkategorie für alle Verben, die nicht den Kriterien der starken Verben (nur Vokalwechsel/Ablaut) oder der schwachen Verben (nur *t*-haltiges Suffix) entsprechen. Folgende Untergruppen kommen vor:

- Vokalwechsel + *t*-haltiges Suffix

  (7) brenn-en – brann-te – ge-brann-t

- Vokalwechsel + Konsonantenveränderung

  (8) geh-en – ging – ge-gang-en

- Vokalwechsel + Konsonantenveränderung + *t*-haltiges Suffix

  (9) bring-en – brach-te – ge-brach-t

- Konsonantenwegfall + *t*-Suffix (im Prät. <tt> geschrieben)

  (10) hab-en – ha-tte – ge-hab-t

Ein Sonderfall liegt schließlich beim Verb *sein* vor, da hier sogar das Stammmorphem wechselt. Man spricht dabei von Suppletivformen oder **Suppletivismus** (lat. *supplere* ‚ergänzen‘).

(11) sei-n – war – ge-wes-en

sein weist zusätzlich noch im Präsens mit *bin*, *bist* und *ist* Suppletivformen auf.

Aufgabe 3: Klassifizieren Sie die folgenden Verben nach stark, schwach und unregelmäßig: *reiten, lesen, schwimmen, bedenken, ergänzen*.
Aufgabe 4: Wie könnte man die folgenden Verbformen in Sätzen von kleineren Kindern erklären? (i) *Ich habe ein Lied gesingt.* (ii) *Er springte in den Sandkasten.* (iii) *Sie ist nach Hause gelauft.*

3.2 Finite und infinite Verbformen

Traditionell werden drei **infinite Verbformen** angesetzt. Diese sind der Infinitiv (z.B. *schwimmen*) und die beiden Partizipien, d.h. das Partizip I, auch Partizip Präsens genannt (z.B. *schwimmend*), und das Partizip II, auch Partizip Perfekt oder seltener Partizip Präteritum genannt (z.B. *geschwommen*). Alle anderen Flexionsformen des Verbs sind finit. Im Gegensatz zu den infiniten sind die **finiten Formen** immer nach der Person bestimmt oder ‚begrenzt‘ (lat. *finitum* ‚begrenzt‘), z.B. *ich lachte, du würdest lachen, wir hatten gelacht* usw.

Der **Infinitiv** wird in Lexika des Deutschen als **Nennform** für Verben verwendet. Das Infinitivflexiv lautet im Allgemeinen *-en* (*lach-en*), in verkürzter Form erscheint es als *-n* bei Verben, deren Stamm auf *-er* oder *-el* endet: *läster-n, kegel-n*. Auch die Verben *sein* und *tun* weisen *-n* als Infinitivflexiv auf.

Man unterscheidet außerdem den **einfachen Infinitiv** ohne *zu* und den **erweiterten Infinitiv** mit *zu*: *tragen, zu tragen*. Im Satz können *zu* und der Infinitiv nicht getrennt werden, weshalb *zu* + Infinitiv oft als komplexe Form interpretiert wird: **Ich hoffe **zu** das Turnier **gewinnen***. Der Infinitiv ist nur als Präsens und Perfekt und zwar jeweils im Aktiv und Passiv bildbar:

(12) Die Formen des Infinitivs

	reiner Infinitiv		*zu*-Infinitiv	
	Präsens	Perfekt	Präsens	Perfekt
Aktiv	*tragen*	*getragen haben*	*zu tragen*	*getragen zu haben*
Passiv	*getragen werden*	*getragen worden sein*	*getragen zu werden*	*getragen worden zu sein*

Insbesondere dient der einfache Infinitiv zur Bildung der Futurformen (hier Aktiv):

(13) a. Futur I mit Infinitiv Präsens: *ich werde **tragen***
b. Futur II mit Infinitiv Perfekt: *ich werde **getragen haben***

Von den Partizipien ist das **Partizip I** am einfachsten zu bilden. An den Verbstamm wird nur das Suffix *-end* angehängt: *sing-end*.

Seit dem Mittelhochdeutschen kommen Partizipien I nicht mehr als Verbformen vor: **Er ist singend*. Im neueren Deutsch gibt es Partizipien I nur noch als Adjektive: *das singende Pferd, Singend kam er zur Tür herein*. Solche Partizipien I können manchmal sogar kompariert werden: *der spannendere/spannendste Film,* wodurch dann auch prädikativ *der Film ist spannend/spannender/am spannendsten* möglich ist.

Auch **Partizipien II** sind in Verbindung mit den entsprechenden Endungen als Adjektive verwendbar (*das gestriegelte Pferd*). Ihre typische Verwendung ist jedoch die im Prädikat. Partizipien II sind obligatorischer Bestandteil bei der Passivbildung (Doppelperfekt- und Doppelplusquamperfektformen kommen im Passiv nicht vor):

(14) a. Passiv Präsens: *das Pferd wird gestriegelt*
b. Präteritum: *es wurde gestriegelt*
c. Perfekt: *es ist gestriegelt worden*
d. Plusquamperfekt: *es war gestriegelt worden*
e. Futur I: *es wird gestriegelt werden*
f. Futur II: *es wird gestriegelt worden sein*

Im Aktiv ist das Partizip II Bestandteil der zusammengesetzten Tempora Perfekt, Plusquamperfekt, Doppelperfekt, Doppelplusquamperfekt und Futur II (vgl. 15). Angegeben ist hier, wie in (14), jeweils nur der Indikativ.

(15) a. Aktiv Perfekt: *es hat gewiehert*
      b.   Plusquamperfekt: *es hatte gewiehert*
      c.   Doppelperfekt: *es hat gewiehert gehabt*
      d.   Doppelplusquamperf.:   *es hatte gewiehert gehabt*
      e.   Futur II: *es wird gewiehert haben*

Als typisches Bildungsmittel für das Partizip II fungiert bei schwachen Verben das Zirkumfix *ge-t* (*hüpfen* – **ge**-*hüpf*-**t**) bzw. *ge-et* (*baden* – **ge**-*bad*-**et**) (s. Kap. 3.2 zum *e*-Einschub im Präsens Indikativ). Bei starken Verben lautet es *ge-en*: *schreiben* – **ge**-*schrieb*-**en**. Liegt jedoch ein komplexes Verb mit Präfix vor, also mit einem unselbstständigen Morphem, erfolgt die Partizipbildung nur über das Suffix *-(e)t* bzw. *-en*: *besetzen* – *besetz*-**t**, *beschreiben* – *beschrieb*-**en**. Handelt es sich um ein komplexes Verb mit selbstständigem Morphem in Form einer Präposition oder eines Adverbs als erstem Bestandteil, sind zwei Fälle zu unterscheiden.

- Ist das Morphem unbetont, verhält es sich wie ein Präfix, d.h., das Partizip II wird ohne *ge-* gebildet: *Ich habe das Denkmal umfáhr-**en**.*
- Ist das Morphem betont, tritt das Zirkumfix *ge-(e)t* bzw. *ge-en* zum Stammmorphem: *Ich habe das Denkmal úm-**ge**-fahr-**en**.* Man spricht hier auch von trennbaren Verben, da die Präposition bzw. das Adverb im Präsens und Präteritum vom Rest des Verbs getrennt werden: *Ich fahre/fuhr das Denkmal um* (**Ich úmfahre/úmfuhr das Denkmal*). Die vorgenannten Parallelfälle mit unbetontem Morphem werden untrennbare Verben genannt: *Ich umfáhre/umfúhr das Denkmal.*

Aufgabe 5: Suchen Sie in dem folgenden Text die infiniten Verbformen und bestimmen Sie sie.

Der psychische Charakter unserer Lautbilder wird ganz klar, wenn wir uns selbst beobachten. Ohne die Lippen oder die Zunge zu bewegen, können wir mit uns selbst sprechen oder uns im Geist ein Gedicht vorsagen. Gerade deshalb, weil die Worte der Sprache für uns Lautbilder sind, sollte man nicht von den Lauten als Phonemen sprechen, aus denen sie zusammengesetzt sind. Denn dieser Ausdruck deutet auf mündliche Sprechtätigkeit und paßt nur zum gesprochenen Wort, zur Verwirklichung des inneren Bildes in der Rede. Man muß sich stets daran erinnern, daß es sich nur um das innere Bild der lautlichen Erscheinung handelt. (In: Ferdinand de Saussure 1931/2001: 77)

Aufgabe 6: Bilden Sie jeweils einen Hauptsatz mit einer Präsens-, einer Präteritum- sowie der Partizip II-Form der folgenden Verben: *anlaufen, downloaden, sich rückmelden, staubsaugen.* Welche Schwierigkeiten ergeben sich und warum?

3.3 Person und Numerus

Finite Verbformen werden im Deutschen obligatorisch nach **Person** und **Numerus** flektiert. Dabei bezeichnet die 1. Person Singular bzw. Plural einen bzw. mehr als einen Sprecher, die 2. Person Singular bzw. Plural einen bzw. mehr als einen Angesprochenen, die 3. Person Singular bzw. Plural eine bzw. mehr als eine Person/Sache, über die gesprochen wird. Grundsätzlich besteht in einem Satz zwischen dem Subjekt und der finiten Verbform **Kongruenz**, d.h., das Verb richtet sich in Person und Numerus nach dem Subjekt. Es muss also heißen *Ich lache* (jeweils 1. Person Singular), nicht **Ich* (1. Person Singular) *lachst* (2. Person Singular). Ist das Subjekt eine Nominalphrase (NP) mit einem Substantiv als Kern, zieht dieses automatisch die 3. Person im finiten Verb nach sich: *Der morsche Baum fällt um/Die morschen Bäume fallen um* (3. Person Singular bzw. Plural).

Person und Numerus sind im Deutschen durch ein einziges Morphem repräsentiert. Im Folgenden wird eine plausible Analyse der Formen für Präsens und Präteritum vorgestellt. Von nur lautlich bedingten Varianten mit *e*-Einschub im Präsens Indikativ wie *rast-est* (statt zu erwartendem *rast-st*) oder im Präteritum Indikativ wie *band-est* (statt zu erwartendem *band-st*) wird hier abgesehen, vgl. dazu 3.4 zum Präsens und 3.5 zum Präteritum.

(16) Person-Numerus-Endungen im Präsens Indikativ

		schwaches Verb	starkes Verb
Singular	1.	*lach-e*	*sing-e*
	2.	*lach-st*	*sing-st*
	3.	*lach-t*	*sing-t*
Plural	1.	*lach-en*	*sing-en*
	2.	*lach-t*	*sing-t*
	3.	*lach-en*	*sing-en*

Aus den Indikativformen des Präsens (starker und schwacher Verben) in (16) folgen zunächst eindeutige Person-Numerus-Suffixe. Ein Blick auf den Indikativ Präteritum in (17) zeigt allerdings, dass sich diese nicht übertragen lassen.

(17) Person-Numerus-Endungen im Präteritum

		schwaches Verb	starkes Verb
Singular	1.	*lach-te-_*	*sang-_*
	2.	*lach-te-st*	*sang-st*
	3.	*lach-te-_*	*sang-_*
Plural	1.	*lach-te-n*	*sang-en*
	2.	*lach-te-t*	*sang-t*
	3.	*lach-te-n*	*sang-en*

„Störend" wirken hier vor allem die starken Verben, die im Singular in der 1. und 3. Person keine Markierung aufweisen. Wenn als Präteritummarker der schwachen Verben aber -*te* (statt prinzipiell ebenfalls möglichem -*t*) angesetzt wird, ergibt sich immerhin im Singular des Indikativs Präteritum Einheitlichkeit, da dort dann -*st* für die 2. und keine Markierung für die Nicht-2. Person (d.h. 1. und 3. Person) vorliegt. Dafür muss in der Nicht-2. Person des Plurals eine Varianz zwischen -*n* und -*en* hingenommen werden.

Mit Ausnahme des Präsens Singular kann die Anzahl der Person-Numerus-Suffixe im Indikativ also auf vier beschränkt werden (vgl. Duden 2009: 438).

(18)

	Singular	Plural
Nicht-2.	–	-*(e)n*
2.	-*st*	-*t*

Wie (19) zeigt, hat diese Analyse außerdem den Vorteil, dass für den Konjunktiv dieselben Suffixe wie in (18) angesetzt werden können. Die einzige Abweichung besteht darin, dass die Nicht-2. Person Plural nur eine Form -*n* und nicht auch die Variante -*en* aufweist.

(19) Person-Numerus-Endungen im Konjunktiv

		Präsens	Präteritum schwaches Verb	starkes Verb
Singular	1.	*lach-e-_*	*lach-te-_*	*säng-e-_*
	2.	*lach-e-st*	*lach-te-st*	*säng-e-st*
	3.	*lach-e-_*	*lach-te-_*	*säng-e-_*
Plural	1.	*lach-e-n*	*lach-te-n*	*säng-e-n*
	2.	*lach-e-t*	*lach-te-t*	*säng-e-t*
	3.	*lach-e-n*	*lach-te-n*	*säng-e-n*

Insgesamt folgt daraus ein weiterer Vorteil, nämlich dass der Konjunktiv durchgehend die Markierung -*e*- besitzt. Im Präsens (starker und schwacher Verben) sowie im Präteritum starker Verben ist dies unmittelbar einsichtig. Für das Präteritum schwacher Verben scheint dies nicht zu stimmen, da hier kein separates -*e*- auftaucht. Man kann aber annehmen, dass das Konjunktiv-*e* mit dem *e* im Präteritumelement -*te*- zusammenfällt, in diesem Morphem also gleichzeitig die Merkmale Präteritum und Konjunktiv verwirklicht sind (vgl. auch Flämig 1991: 437).

In das Schema in (16) und (17) passen nur wenige Verben nicht, nämlich *sein*, *werden* und die Modalverben *dürfen, können, mögen, müssen, sollen* und *wollen*.

sein ist auf Grund der Suppletivformen ohnehin in jeder Hinsicht als Ausnahme einzustufen. Einzelheiten finden sich in den Abschnitten zum Präsens (3.4) und zum Konjunktiv (3.7).

werden ist wegen des Ablauts als starkes Verb einzustufen, nimmt im Präteritum aber die Endungen der schwachen Verben an. Im Präsens stimmt es mit den Standardformen überein, bis auf die 3. Person Singular, wo das *t*-Flexiv fehlt, die Form ist endungslos (Genaueres vgl. 3.4 zum Präsens).

Die Modalverben verhalten sich bezüglich der Person-Numerus-Flexive im Präteritum wie schwache Verben, im Präsens jedoch wie starke Verben im Präteritum. Diese und andere Besonderheiten werden in Abschnitt 3.10 zu den Modalverben genauer besprochen.

Aufgabe 7: Welche Konsequenzen hat es für die Person-Numerus-Morpheme, wenn das Morphem für Präteritum nicht mit -*te*-, sondern mit -*t*- angesetzt wird?

3.4 Präsens

Im Folgenden behandeln wir nur das Präsens im Indikativ, zum Konjunktiv s. 3.7. Das **Präsens** ist eines der acht Tempora im Deutschen (Präsens, Präteritum, Perfekt, Plusquamperfekt, Doppelperfekt, Doppelplusquamperfekt, Futur I, Futur II). Nur zwei davon, nämlich Präsens und Präteritum, sind **synthetisch gebildete Tempora**, d.h., das Tempus wird am Vollverb selbst ausgedrückt und nicht durch Kombination mit einem so genannten Hilfsverb wie *haben* (ich **habe** gelacht), *sein* (ich **bin** gelaufen) oder *werden* (ich **werde** laufen). Das Präsens ist dabei als einziges Tempus morphologisch nicht markiert, d.h., es gibt kein eigenes Präsens-Morphem. Die Klassifizierung einer Verbform als Präsens erfolgt damit über das Fehlen eines Morphems im Vergleich zu tempusmarkierten Formen.

(20) a. Präteritum: *du lach- te st*
      b. Präsens: *du lach- _ st*

Der Zeitbezug des Präsens ist kaum eingegrenzt. Es kann bei vergangenem, zukünftigem und gegenwärtigem Zeitbezug verwendet werden.

(21) a. Gegenwart: *Der Kuchen schmeckt gut.*
     b. Zukunft: *Morgen schmeckt der Kuchen auch noch.*
     c. Vergangenheit: *1830 geht Jacob Grimm nach Göttingen.*

An morphologischen Besonderheiten der Präsensbildung sind im Flexivbereich *e*-Einschub und *e*-Tilgung zu nennen sowie im Stammbereich *e*-Tilgung, Umlaut und *e/i*-Wechsel.

Der *e*-**Einschub** erfolgt im Präsens Indikativ in den auf -*t* auslautenden Person-Numerus-Flexiven, und zwar dann, wenn der Stamm entweder auf -*d/t* (*bad-en*) oder Obstruent + Nasal (*rechn-en*) endet. In dem Fall lauten die Flexive für die 2. Person Singular und die 3. Person Singular bzw. 2. Person Plural nicht -*st* und -*t*, sondern -*est* und -*et*: *du badest/du rechnest, er/ihr badet, er/ihr rechnet.*

Der Einschub unterbleibt allerdings in der 2. und 3. Person Singular der starken Verben auf -*d/t*, wenn sie dort umlauten oder einen *e/i*-Wechsel aufweisen (s.u.): *du rät-st/sie rät.* Die 3. Person Singular wird dadurch automatisch endungslos, da der *d/t*-Auslaut des Stammes (dies gilt auch für geschriebenes <d>, das als [t] artikuliert wird) bereits genügt, z.B. *er rät, er wird.*

e-**Tilgung** liegt in der gesprochenen Sprache beim auslautenden Schwasuffix der 1. Person Singular vor, das bei einsilbigen Verbstämmen in der Regel nicht realisiert wird. Ein Schwa ist ein nichtbetonbarer *e*-Laut (phonetisch [ə]). Im Gesprochenen ist also üblich: *Ich geh heute abend ins Kino; Ich komm gerade nicht drauf; Ich glaub das einfach nicht.* Im Geschriebenen gilt das Weglassen des *e* hingegen als stilistisch markiert (vgl. Duden 2009: 444f).

Auch im Stammbereich kann *e*-**Tilgung** auftreten, und zwar in der 1. Person Singular Präsens, wenn der Stamm auf -*er* oder -*el* auslautet. Besonders favorisiert wird die Tilgung im Fall von -*el*: ich *grüble* (?*grübele*). Weniger häufig ist sie dagegen bei Verben auf -*er*: ich *fordere* (?*fordre*). Favorisiert wird der Ausfall allerdings dann, wenn -*er* ein Diphthong vorausgeht: *ich feire* (?*feiere*).

Ebenfalls im Stammbereich tritt der **Umlaut** auf, und zwar in der 2. und 3. Person Singular einiger starker Verben. Dies gilt für die meisten starken Verben mit einem *a* im Stammmorphem. An Stelle des *a* erscheint in der 2. und 3. Person Singular der Umlaut *ä*: *raten – du rätst/sie rät, halten – du hältst/sie hält.* Auch *laufen, saufen* und *stoßen* zeigen einen Umlaut-Vokal: *laufen – du läufst/sie läuft, saufen – du säufst/sie säuft, stoßen – du stößt/sie stößt.*

Im Stamm einiger starker Verben tritt zudem ein *e/i*-**Wechsel** in der 2. und 3. Person Singular auf: *nehmen – du nimmst/sie nimmt, geben – du gibst/sie gibt*. Auch *erlöschen* und *gebären* zeigen ein *i*: *erlöschen – du erlischst/sie erlischt, gebären – du gebierst/sie gebiert*. Historisch gesehen handelt es sich beim *e/i*-Wechsel ebenso wie beim Umlaut um die Auswirkung eines im Althochdeutschen (750-1050 n.Chr.) ursprünglich nachfolgenden *i* (auch wenn kein typischer Umlaut-Buchstabe vorliegt).

Sonderfälle sind *werden*, *haben*, einige Modalverben und *sein*.

So zeigt der Stamm von *werden* neben dem *e/i*-Wechsel in der 2. Person Singular zusätzlich den Verlust seines auslautenden Plosivs: *du wir-st*. Letzteres gilt auch für *haben* und zwar sowohl in der 2. als auch in der 3. Person Singular: *du ha-st, es ha-t*.

Die Modalverben *dürfen, können, mögen, müssen* und *wollen* (nicht *sollen*) weisen dagegen jeweils durchgehend im Plural einen anderen Vokal als im Singular auf.

(22) Präsensbildung der Modalverben

ich darf, du darfst, sie darf	wir dürfen, ihr dürft, sie dürfen
ich muss, du musst, sie muss	wir müssen, ihr müsst, sie müssen
ich kann, du kannst, sie kann	wir können, ihr könnt, sie können
ich mag, du magst, sie mag	wir mögen, ihr mögt, sie mögen
ich will, du willst, sie will	wir wollen, ihr wollt, sie wollen

Zu weiteren Details zu den Modalverben vgl. 3.10.

Das Verb *sein* schließlich zeigt speziell im Präsens Indikativ seine maximale Kombination von Suppletivformen, nämlich drei. Alle anderen Tempora werden nur jeweils von einem Stamm gebildet.

(23) Präsensbildung des Verbs *sein*

Singular	1.	*bin*
	2.	*bist*
	3.	*ist*
Plural	1.	*sind*
	2.	*seid*
	3.	*sind*

Der Plural ist durch einen mit *s*- anlautenden Stamm charakterisiert, die Formen der 1. und 3. Person Plural sind wie auch bei anderen Verben identisch. 1. und 2. Person Singular beginnen beide mit *bi*-. Nur die 3. Person Singular steht mit ihrer *is*-Form alleine.

Aufgabe 8: Finden Sie mindestens jeweils zwei weitere Beispiele für *e*-Einschub, *e*-Tilgung, Umlaut und *e/i*-Wechsel im Präsens.

3.5 Präteritum, (Doppel)Perfekt und (Doppel)Plusquamperfekt

Im Folgenden behandeln wir nur die Formen im Indikativ; zum Konjunktiv s. 3.7.

Das Präteritum wird synthetisch, d.h. ohne Hilfsverb, Perfekt und Plusquamperfekt jedoch analytisch, also mit Hilfsverb, gebildet. Das finite Hilfsverb, das zusammen mit dem Partizip II der Bildung des Perfekts und des Plusquamperfekts dient, ist entweder *sein* oder *haben*. Im Perfekt wird das Hilfsverb in das Präsens gesetzt, im Plusquamperfekt in das Präteritum. Deshalb wird hier manchmal auch von Präsensperfekt und Präteritumperfekt gesprochen.

(24) Perfekt   *hast eingekauft/bist gelaufen*
     Plusquamperfekt   *hattest eingekauft/warst gelaufen*

Dabei stellt die Wahl des Hilfsverbs *haben* den Normal- und *sein* den Ausnahmefall dar. *Sein* tritt fast ausschließlich bei intransitiven Verben auf, also Verben, die kein Akkusativobjekt zu sich nehmen können. Die Bedingungen sind die folgenden (vgl. Duden 2009: 464f.):

- Intransitive Verben, die eine Zustandsveränderung des Subjektreferenten ausdrücken: *Helga ist spät eingeschlafen; Die Krokusse sind schon aufgeblüht; Das Glas ist umgefallen; Sie ist rot geworden; Helga ist nach Osnabrück gefahren.*
- Die meisten Verben der Fortbewegung: *Wir sind den ganzen Tag gebummelt.*
- Einige intransitive Verben mit Dativobjekt, die ein Geschehen und nicht eine Handlung ausdrücken, wie *geschehen, passieren, auffallen, begegnen, gelingen, zufallen, zustoßen. Mir ist ein Unglück passiert; Das ist ihr gar nicht aufgefallen; Sie ist ihm einmal kurz begegnet.*
- *sein* und *bleiben*, obwohl sie keine Zustandsveränderung des Subjektreferenten implizieren: *Das ist schön gewesen; Sie ist zu Hause geblieben.*
- Die zwei transitiven Verben *durchgehen* und *eingehen. Wir sind noch schnell die Papiere für die Sitzung durchgegangen; Sie sind einen Vertrag mit der Unternehmensleitung eingegangen.*

Da also *werden* das Perfekt und Plusquamperfekt mit *sein* bildet, liegt im Passiv Perfekt und Plusquamperfekt immer eine finite Form von *sein* im Präsens oder Präteritum + Partizip II + *worden* vor (vgl. zum Passiv genauer 3.9). Dies geschieht unabhängig davon, ob das entsprechende Verb mit *sein* oder *haben* steht.

(25) Perfekt   *bist gesehen worden*
     Plusquamperfekt   *warst gesehen worden*

Die Bildungsweise des Präteritums wurde bereits in 3.1 und 3.3 besprochen. Bei schwachen Verben wird ein *te*-Suffix zum Stamm hinzugefügt (26a). Bei starken Verben erfolgt grundsätzlich ein Ablaut im Stamm (26b). Bei den unregelmäßigen Verben wird der Vokalwechsel entweder mit dem *te*-Suffix (26c), einer Konsonantenveränderung (26d) oder beidem kombiniert (26e) (vgl. 3.1).

(26) Bildung des Präteritums
     a. kauf-**te**-st
     b. s**a**ng-st
     c. br**a**nn-**te**-st
     d. g**ing**-st
     e. br**ach**-te-st

Wie im Präsens liegt in manchen Fällen auch im Präteritum ein *e*-Einschub vor. Im Präteritum wird allerdings nicht wie im Präsens das Person-Numerus-Suffix, sondern das Präteritalsuffix um -*e*- erweitert, z.B. *du bad-ete-st*. Der Einschub betrifft diejenigen Verben, die ihr Präteritum mit *te*-Suffix bilden. Wie beim präsentischen *e*-Einschub geschieht dies immer dann, wenn der Stamm entweder auf -*d/t* (*bad-ete-st*) oder auf Obstruent + Nasal (*rechn-ete-st*) endet.

Das Präteritum signalisiert, dass das beschriebene Geschehen vor dem Sprechzeitpunkt und damit in der Vergangenheit liegt. Vergangenheit bedeutet allerdings nicht, dass das Geschehen als solches grundsätzlich abgeschlossen ist, es kann auch weiter noch Gültigkeit haben: *Gestern bei unserer Zwischenlandung in Nowosibirsk war es extrem kalt* (*und es ist auch heute nicht wärmer*).

Auch das Plusquamperfekt verortet ein Geschehen in der Vergangenheit. In einem Satz mit Plusquamperfekt wird ein bestimmtes Ereignis (E) nicht direkt auf den Sprechzeitpunkt (S) bezogen, sondern es wird noch eine Bezugszeit (B) dazwischengeschaltet und zu dem Ereignis in Relation gesetzt. Bezugszeit und Ereignis liegen obligatorisch vor dem Sprechzeitpunkt (S): *Als ich gestern nach Hause kam* (B vor S), *hatte die Müllabfuhr schon die Tonnen geleert* (E vor B).

Das Perfekt kann sich ebenso wie das Präteritum auf ein vergangenes Ereignis beziehen, impliziert aber eine noch zum Sprechzeitpunkt anhaltende Relevanz.

(27) a. Präteritum: Ich arbeitete das ganze Buch durch, als ich an meiner
Dissertation saß.
b. Perfekt: Jetzt habe ich das ganze Buch durchgearbeitet (und sollte
in der Lage sein, die Prüfung zu bestehen).

In der gesprochenen Sprache, vor allem in der südlichen Hälfte des
deutschsprachigen Gebiets, schwindet das Präteritum jedoch immer
mehr (so genannter „Präteritumschwund") und wird durch das Perfekt ersetzt. Das Perfekt übernimmt also die Funktion des Präteritums und wird damit zu einem „echten" absoluten Vergangenheits-
tempus. Wenn das Präteritum noch erhalten ist, dann vor allem bei
sein (*ich war, du warst* usw.) und möglicherweise noch bei den
Modalverben.

Vor allem in der gesprochenen Sprache gibt es auch ein Doppelperfekt und ein Doppelplusquamperfekt. Dazu wird *haben* oder *sein*
selbst ins Perfekt oder Plusquamperfekt gesetzt und mit dem Partizip II des Vollverbs kombiniert.

(28) a. Doppelperfekt: Ich **habe** eingekauft **gehabt**.
b. Doppelplusquamperfekt: Ich **hatte** eingekauft **gehabt**.

Benutzt werden die Doppelformen zum einen, um ein Ereignis zu
beschreiben, das vor einem anderen in der Vergangenheit liegt: *Mi-
gnon hatte sich versteckt gehabt, hatte ihn angefaßt und ihn in den
Arm gebissen.* (J. W. Goethe, *Wilhelm Meisters Lehrjahre*, S. 186).
Zum anderen dient das Doppelperfekt speziell in den süddeut-
schen Dialekten als Plusquamperfektersatz, weil dort ja ein Plusquamperfekt nicht mehr möglich ist, da das Präteritum geschwun-
den ist. Das Hilfsverb im Präteritum wird deshalb durch die entsprechende Perfektform ersetzt: *ich **hatte** eingekauft > ich **habe**
eingekauft **gehabt**.*
In den Grammatiken des Deutschen werden Doppelperfekt und
Doppelplusquamperfekt in der Regel nicht oder allenfalls am Rande
erwähnt, in manchen Darstellungen werden diese Formen gar als
falsch bezeichnet. Eine deskriptive Darstellung des deutschen Tem-
pussystems hat diese Formen aber zu berücksichtigen, auch dann,
wenn sie von Sprachkritikern als „unschön" empfunden werden.

Aufgabe 9: Mit welchem Hilfsverb bilden reflexive Verben das Perfekt?
Aufgabe 10: Alle transitiven Verben (außer *durchgehen* und *eingehen*) bilden
das Perfekt mit *haben*. Überlegen Sie, welchen Grund es dafür geben könnte.

3.6 Futur

Futur I und Futur II werden analytisch, also mit Hilfsverb, gebildet und dies jeweils im Indikativ und Konjunktiv im Aktiv und im Passiv (im Folgenden besprechen wir nur den Indikativ, zum Konjunktiv s. 3.7; zum Passiv s. 3.9). Das **Futur I** besteht aus einer Präsensform des Hilfsverbs *werden* + dem Infinitiv Präsens des Vollverbs: *du wirst singen*. Das **Futur II** wird ebenfalls mit einer Präsensform des Hilfsverbs *werden* gebildet, kombiniert damit aber den Infinitiv Perfekt Aktiv (vgl. 3.2) des Vollverbs: *du wirst **gesungen haben***. Deshalb wird es auch manchmal **Futurperfekt** genannt. Im folgenden Beispiel ist jeweils die 2. Person Singular im Futur I und II des Verbs *beschenken* im Indikativ und Konjunktiv Aktiv und Passiv angegeben.

(29) Die Formen des Futurs

	Aktiv	Passiv
Futur I	*wirst* **beschenken**	*wirst* **beschenkt werden**
Futur II	*wirst* **beschenkt haben**	*wirst* **beschenkt worden sein**

Futur I und Futur II können temporale und modale Bedeutung haben. Bei temporaler Bedeutung beziehen sie sich auf zukünftige Ereignisse. Während beim Futur I das Ereignis nach dem Sprechzeitpunkt lokalisiert ist, ist beim Futur II ein Bezugspunkt nach dem Sprechzeitpunkt lokalisiert. Das Ereignis ist zeitlich davor lokalisiert. Die Sprecher gehen also gedanklich in die Zukunft und betrachten von dort aus ein zeitlich davor liegendes Ereignis: *Morgen* (B) *wirst du gesungen haben* (E). Darstellen lässt sich das als E (*singen*) – B (*morgen*). Das zeitliche Verhältnis des Ereignisses zum Sprechzeitpunkt (S) selbst ist irrelevant. Der Sprechzeitpunkt kann vor oder nach dem Ereignis liegen, also S – E – B oder E – S – B, auch wenn wahrscheinlich S – E – B häufiger ist. Wichtig ist nur, dass die zeitliche Reihenfolge E – B erhalten bleibt. Der Satz *Übermorgen wird sie das Auto repariert haben*, besagt lediglich, dass das Auto zum Bezugszeitpunkt *übermorgen* repariert sein wird, also E – B vorliegt. Die Reparatur, das Ereignis, kann zum Sprechzeitpunkt schon erfolgt sein (E – S – B) oder erst zwischen jetzt und übermorgen passieren (S – E – B).

Wenn der entsprechende zukunftsweisende Kontext gegeben ist, kann die Futur II-Form im Übrigen grundsätzlich durch das Perfekt ersetzt werden: *Übermorgen hat sie das Auto repariert.*

Da für die Zukunft postulierte Ereignisse naturgemäß noch nicht stattgefunden haben, ist immer ein gewisser Unsicherheitsfaktor impliziert. Deshalb vermischen sich im Futur automatisch zukünftige Temporalität, also die zeitliche Einstufung des Geschehens, und Modalität, d.h. die Einschätzung des Ereignisses hinsichtlich der Realität, die im Futur vor allem ein Vermuten impliziert. Damit hängt vermutlich zusammen, dass die Futurform auch eine rein modale Bedeutung annehmen kann. Findet das beschriebene Ereignis nämlich nicht in der Zukunft, sondern eindeutig zum Sprechzeitpunkt oder in der Vergangenheit statt, bleibt aufgrund des fehlenden zukünftigen Zeitbezugs nur noch die Vermuten-Modalität übrig.

(30) a. Futur I-Form: Sie wird in diesem Augenblick landen.
     b. Futur II-Form: Sie wird gestern gelandet sein.

werden kann also auch als lexikalisches Mittel fungieren, um die Modalität der Vermutung auszudrücken. Damit verhält es sich ähnlich wie die Modalverben *können, müssen* usw. (vgl. 3.10). Es wird sogar die Auffassung vertreten, dass das Deutsche kein Tempus Futur habe, sondern dass *werden* in Verbindung mit dem Infinitiv grundsätzlich als Modalverb einzustufen ist (z.B. Vater 1975).

Aufgabe 11: Ordnen Sie die folgenden Sätze nach dem Grad der Sicherheit des Sprechers über ihre Realisierung (Sätze nach Vater 1975: 114).
(i) *Fritz dürfte zu Hause sein.*
(ii) *Fritz kann zu Hause sein.*
(iii) *Fritz muss zu Hause sein.*
(iv) *Fritz wird zu Hause sein.*

3.7 Modus

Die Merkmalklasse **Modus** (lat. *modus* ‚Art, Weise') repräsentiert regelhaft die sprachliche Realisierung von Modalität am Verb, d.h. die ‚Art und Weise', wie der Sprecher einen Sachverhalt hinsichtlich der Wirklichkeit einschätzt. Auf der einen Seite steht dabei der **Indikativ**, die „Wirklichkeitsform", auf der anderen Seite der **Konjunktiv**, die „Möglichkeitsform", hinzu kommt noch der **Imperativ**, die „Befehlsform". Konjunktiv und Imperativ werden im Gegensatz zum Indikativ auch morphologisch markiert. Im Folgenden wird deshalb nur auf Konjunktiv und Imperativ eingegangen.

Der **Imperativ** weist im Deutschen nur zwei Formen auf: *geh(e)* und *geht* (wie in *Geh(e) (du) mal reiten! Geht (ihr) mal reiten!*). Dabei fällt das *-e* im Singular speziell in der gesprochenen Sprache sehr oft weg, so dass der reine Verbstamm übrig bleibt: *Geh mal reiten!* Grundsätzlich fehlt das *-e* für die 2. Person Singular Imperativ aber bei denjenigen starken Verben, bei denen in der 2. und 3. Person Indikativ Präsens ein *e/i*-Wechsel auftritt: *nehmen*, aber: *du nimmst/sie nimmt* vs. *nimm!* Allerdings unterbleibt der *e/i*-Wechsel im Imperativ immer häufiger, so dass sich auch *les(e)!* oder *nehm(e)!* findet statt *lies!* oder *nimm!*

Mit nur zwei Formen unterscheidet sich der Imperativ dramatisch von Indikativ und Konjunktiv, die in beiden Numeri und allen Personen, Tempora und Genera Verbi vorkommen. Sicher ist bei den Imperativformen nur, dass eine Singularform (*geh(e)*) von einer Pluralform (*geht*) zu unterscheiden ist. Ob diesen beiden Formen noch weitere Merkmale zuzuordnen sind, ist dagegen umstritten. Häufig wird den Formen die 2. Person zugeschrieben. Eine 2. Person sollte es in einem Paradigma aber nur dann geben, wenn mindestens auch eine Nicht-2. Person existiert. Da dies beim Imperativ nicht der Fall ist, ist es schwierig, die Imperativformen hinsichtlich Person zu kategorisieren. Der Grund für die Kategorisierung als 2. Person ist natürlich, dass Imperativformen dazu benutzt werden, jemanden anzusprechen, so wie es mit der 2. Person geschieht. Dies ist jedoch die Funktion, nicht ein Formmerkmal des Imperativs.

Da der Imperativ also formal gesehen lediglich die Merkmalklasse Numerus mit den Merkmalen Singular und Plural aufweist, unterscheidet er sich erheblich von den sonstigen finiten Formen, und entsprechend ist auch umstritten, ob er überhaupt zu den finiten Formen zu zählen ist. Donhauser (1986) rechnet den Imperativ zu den infiniten Formen, da er, anders als die finiten Formen, ohne Subjekt verwendet werden kann (der Satz *Geht mal reiten* enthält kein Subjekt). Eisenberg (2006a: 203) rechnet den Imperativ zu den finiten Formen, da mit ihm ein selbstständiger und „in diesem Sinne" finiter Satz gebildet werden könne. Einen Mittelweg geht schließlich Raffelsiefen (2002), die die Imperativformen als semifinit bezeichnet.

Im Gegensatz zum Imperativ, der nur im Singular und im Plural existiert, kann der **Konjunktiv** sowohl im Aktiv als auch im Passiv in jeder Person und in jedem Tempus gebildet werden. Durchgängiges Merkmal des Konjunktivs ist das Suffix *-e-*, das an den Präsensoder Präteritumstamm angehängt wird. Auf dieses folgt wiederum das Person-Numerus-Suffix (vgl. 3.3).

Das Konjunktivsuffix *-e-* ist ein Schwa, ebenso wie die aus dem Indikativ gewonnenen Person-Numerus-Suffixe in der 1. Person Singular (*-e*) bzw. der 1. und 3. Person Plural (*-en*), die mit einem solchen anlauten. Eine Abfolge von zwei Schwalauten ist im Deutschen aber nicht möglich, weshalb die Person-Numerus-Suffixe im

Konjunktiv schwalos sind. Dies führt dazu, dass im Präsens, je nach Beschaffenheit des Verbstamms, eine unterschiedliche Anzahl von Indikativ- und Konjunktivformen homonym, d.h. gleichlautend, ist. Das gilt für schwache und starke Verben gleichermaßen, wie (31) zeigt.

(31) Vergleich der Person-Numerus-Endungen im Präsens
   a. schwache Verben

		Indikativ	Konjunktiv		Indikativ	Konjunktiv
Singular	1.	*lach-e* =	*lach-e*		*red-e* =	*red-e*
	2.	*lach-st*	*lach-est*		*red-est* =	*red-est*
	3.	*lach-t*	*lach-e*		*red-et*	*red-e*
Plural	1.	*lach-en* =	*lach-en*		*red-en* =	*red-en*
	2.	*lach-t*	*lach-et*		*red-et* =	*red-et*
	3.	*lach-en* =	*lach-en*		*red-en* =	*red-en*

   b. starke Verben

		Indikativ	Konjunktiv		Indikativ	Konjunktiv
Singular	1.	*sing-e* =	*sing-e*		*reit-e* =	*reit-e*
	2.	*sing-st*	*sing-est*		*reit-est* =	*reit-est*
	3.	*sing-t*	*sing-e*		*reit-et*	*reit-e*
Plural	1.	*sing-en* =	*sing-en*		*reit-en* =	*reit-en*
	2.	*sing-t*	*sing-et*		*reit-et* =	*reit-et*
	3.	*sing-en* =	*sing-en*		*reit-en* =	*reit-en*

Bei Ansetzen von sechs Person-Numerus-Formen können im Präsens also bis zu fünf Formen in Indikativ und Konjunktiv formal zusammenfallen. Die einzige Form, die im Präsens bei allen Verben in Indikativ und Konjunktiv verschieden ist, ist die 3. Person Singular, da im Konjunktiv im Gegensatz zum Indikativ nie ein *t*-haltiges Person-Numerus-Suffix vorkommt. Dagegen sind die 1. Person Singular und die 1. und 3. Person Plural immer formgleich. Die einzige Ausnahme von dieser Regel bildet das unregelmäßige Verb *sein*, das in allen Person-Numerus-Formen in Indikativ und Konjunktiv verschiedene Formen hat:

(32) Vergleich der Person-Numerus-Endungen von *sein* im Präsens

		Indikativ	Konjunktiv
Singular	1.	*bin*	*sei*
	2.	*bist*	*seiest*
	3.	*ist*	*sei*
Plural	1.	*sind*	*seien*
	2.	*seid*	*seiet*
	3.	*sind*	*seien*

Noch dramatischer als im Präsens ist der Formzusammenfall im Präteritum: Bei den schwachen Verben unterscheiden sich Indikativ- und Konjunktivformen grundsätzlich nicht, d.h., eine schwache

Präteritumform kann immer sowohl Indikativ als auch Konjunktiv sein wie in (33a).

Bei den starken Verben sind dagegen in der Regel nur die 1. und 3. Person Plural formgleich, bei Verben, deren Stamm auf *-t* auslautet, zusätzlich die 2. Person Plural *(ihr rittet)*. Lediglich bei denjenigen starken Verben, deren Präteritumstamm einen umlautfähigen Vokal aufweist, sind alle Konjunktivformen von den Indikativformen unterschieden, da im Konjunktiv immer umgelautet wird (s. (33b)).

(33) a. Person-Numerus-Endungen im Präteritum schwacher Verben

			Indikativ		Konjunktiv	Indikativ		Konjunktiv
Singular	1.		*lach-te*	=	*lach-te*	*red-e-te*	=	*red-e-te*
	2.		*lach-test*	=	*lach-test*	*red-e-test*	=	*red-e-test*
	3.		*lach-te*	=	*lach-te*	*red-e-te*	=	*red-e-te*
Plural	1.		*lach-ten*	=	*lach-ten*	*red-e-ten*	=	*red-e-ten*
	2.		*lach-tet*	=	*lach-tet*	*red-e-tet*	=	*red-e-tet*
	3.		*lach-ten*	=	*lach-ten*	*red-e-ten*	=	*red-e-ten*

b. Person-Numerus-Endungen im Präteritum starker Verben

		Indikativ	Konjunktiv	Indikativ	Konjunktiv
Singular	1.	*fiel*	*fiel-e*	*sang*	*säng-e*
	2.	*fiel-st*	*fiel-est*	*sang-st*	*säng-est*
	3.	*fiel*	*fiel-e*	*sang*	*säng-e*
Plural	1.	*fiel-en* =	*fiel-en*	*sang-en*	*säng-en*
	2.	*fiel-t*	*fiel-et*	*sang-t*	*säng-et*
	3.	*fiel-en* =	*fiel-en*	*sang-en*	*säng-en*

Bei den Perfektformen unterscheidet sich das mit *haben* gebildete von dem mit *sein* gebildeten Perfekt. Während beim *haben*-Perfekt, wie beim Präsens, Indikativ- und Konjunktivform in der 1. Person Singular sowie in der 1. und 3. Person Plural homonym sind, sind beim *sein*-Perfekt, analog zu (32), alle Konjunktivformen von den Indikativformen verschieden:

(34) Person-Numerus-Endungen im Perfekt

		Indikativ		Konjunktiv	Indikativ	Konjunktiv
Sg	1.	*habe gelacht*	=	*habe gelacht*	*bin gelaufen*	*sei gelaufen*
	2.	*hast gelacht*		*habest gelacht*	*bist gelaufen*	*seiest gelaufen*
	3.	*hat gelacht*		*habe gelacht*	*ist gelaufen*	*sei gelaufen*
Pl	1.	*haben gelacht*	=	*haben gelacht*	*sind gelaufen*	*seien gelaufen*
	2.	*habt gelacht*		*habet gelacht*	*seid gelaufen*	*seiet gelaufen*
	3.	*haben gelacht*	=	*haben gelacht*	*sind gelaufen*	*seien gelaufen*

Da die Hilfsverben *haben* und *sein* im Konjunktiv Präteritum umlauten, sind im Konjunktiv Plusquamperfekt bei allen Verben die Formen in allen Personen beider Numeri von den Indikativformen verschieden:

(35) Person-Numerus-Endungen im Plusquamperfekt

	Indikativ	Konjunktiv	Indikativ	Konjunktiv
Sg 1.	*hatte gelacht*	*hätte gelacht*	*war gelaufen*	*wäre gelaufen*
2.	*hattest gelacht*	*hättest gelacht*	*warst gelaufen*	*wär(e)st gelaufen*
3.	*hatte gelacht*	*hätte gelacht*	*war gelaufen*	*wäre gelaufen*
Pl 1.	*hatten gelacht*	*hätten gelacht*	*waren gelaufen*	*wären gelaufen*
2.	*hattet gelacht*	*hättet gelacht*	*wart gelaufen*	*wär(e)t gelaufen*
3.	*hatten gelacht*	*hätte gelacht*	*waren gelaufen*	*wären gelaufen*

Neben Präsens Konjunktiv, Präteritum Konjunktiv usw. gibt es auch die Bezeichnungen Konjunktiv I und Konjunktiv II. Als **Konjunktiv I** werden alle Konjunktive mit dem finiten Verb im Präsens bezeichnet, also: Konjunktiv Präsens, Perfekt, Doppelperfekt, Futur I und Futur II. **Konjunktive II** haben das finite Verb im Präteritum, dies sind Konjunktiv Präteritum, Plusquamperfekt und Doppelplusquamperfekt.

Als Konjunktiv II ist auch der so genannte *würde*-**Konjunktiv** einzustufen, da es sich bei der finiten Verbform *würde* um den Konjunktiv Präteritum von *werden* handelt. An die *würde*-Form schließt sich ein Infinitiv Präsens oder Perfekt an:

(36) Aktiv: *ich würde lesen/gelesen haben*
Passiv: *ich würde beschenkt werden/beschenkt worden sein*

Der *würde*-Konjunktiv ersetzt häufig Konjunktiv Präsens, Präteritum und Futur I. So kann *Sie sagt, sie würde nie Bücher lesen* stehen für: *Sie sagt, sie lese/läse nie Bücher/werde nie Bücher lesen.*

In dem Beispiel *sie sagt, sie lese nie Bücher* ist bereits eine der Verwendungen des seltenen Konjunktivs Präsens genannt, nämlich die **indirekte Rede**. Falls diese überhaupt mit dem Konjunktiv markiert wird, und nicht, wie zunehmend üblich, im Indikativ wiedergegeben wird, gilt im Allgemeinen, dass das finite Verb aus der direkten Rede in der indirekten Rede in den entsprechenden Konjunktiv gesetzt wird. Grundsätzlich muss der Konjunktiv Präsens aber nie stehen, sondern er kann immer durch den Konjunktiv Präteritum ersetzt werden.

Darüber hinaus taucht der Konjunktiv Präsens nur noch in mehr oder weniger erstarrten Wunsch- oder Aufforderungssätzen auf wie in *Man nehme drei Eier*; *Es lebe die Republik!* (auch Heischesätze); *Seien Sie doch mal ehrlich ...* (auch *Sie*-Imperativ)*; Seien wir doch mal ehrlich ...* (auch Adhortativ).

Der Konjunktiv Präteritum bzw. der *würde*-Konjunktiv implizieren nicht vergangenen, sondern gegenwärtigen oder zukünftigen Zeitbezug: *Ich würde sagen ...; Wenn es regnen würde ...; Hätte ich doch Geld!*; *Ich möchte ...* (Präteritum Konjunktiv von *mögen*).

Aufgabe 12: Bilden Sie folgende Konjunktivformen von *anlachen*: 2. Person Singular Präteritum Aktiv, 1. Person Plural Perfekt Aktiv, 3. Person Plural Futur II Aktiv.

Aufgabe 13: Analysieren Sie die folgenden Formen: *ich wäre gesprungen, du werdest gesehen, es werde erhofft werden, wir hätten gelacht.*

Aufgabe 14: Gibt es ein im Text nicht genanntes syntaktisches Argument, nach dem die Imperativformen doch als 2. Person klassifiziert werden könnten?

3.8 Kompositionaler Aufbau der Tempus-Modus-Formen

Betrachten wir nun den morphologischen Bau der Tempus-Modus-Formen insgesamt, so zeigt sich, dass diese kompositional aufgebaut sind, d.h., dass die einzelnen Formen jeweils aus einer kleinen Anzahl gleicher Elemente zusammengesetzt sind.

Jede Tempusform enthält genau eine finite Verbform. Diese finite Form ist entweder durch *-te-* oder (bei den starken Verben) durch Ablaut markiert – dann ist es eine Präteritumform; oder sie ist nicht durch *-te-* oder durch Ablaut markiert – dann ist es eine Präsensform. Wir können also sagen, dass jede Tempusform entweder das morphologische Merkmal [+Prät] oder das morphologische Merkmal [–Prät] aufweist.

Das Futur wird einheitlich durch das Hilfsverb *werden* (in der unmarkierten Präsensform) + Infinitiv des entsprechenden Verbs gebildet. Dies gilt sowohl für das Futur I als auch für das Futur II. Die Formen, die *werden* + Infinitiv enthalten, haben also das Merkmal [+Fut], während diejenigen Formen, die nicht *werden* + Infinitiv enthalten, das Merkmal [–Fut] haben.

Schließlich gibt es drittens solche Tempusformen, die eine Form der Hilfsverben *haben* oder *sein* und ein Partizip II enthalten. Diese Formen haben das Merkmal [+Perf], Formen, die *haben* oder *sein* + Partizip II nicht aufweisen, haben das Merkmal [–Perf].

Haben oder *sein* + Partizip II liegt gleichermaßen bei Perfekt, Plusquamperfekt und Futur II vor. Das Plusquamperfekt weist jedoch zusätzlich zu dem Merkmal [+Perf] auch das Merkmal [+Prät] auf, das Futur II zusätzlich das Merkmal [+Fut].

Schließlich wird bei Doppelperfekt und Doppelplusquamperfekt die Perfektbildung zweimal vorgenommen, d.h., das Perfekthilfsverb wird seinerseits ins Perfekt gesetzt (*ich habe/hatte eingekauft gehabt*). Ein doppeltes Perfekttempus kann es also nur dann geben, wenn gleichsam eine erste Perfekt- oder Plusquamperfektbildung bereits erfolgt ist. Wir können also ein zweites Merkmal [Perf$_2$] ansetzen, das jedoch nur dann möglich ist, wenn das Merkmal [+Perf] vorhanden ist. Da also [–Perf] die Möglichkeit von [+Perf$_2$] ausschließt, impliziert [–Perf] notwendig [–Perf$_2$].

Die Indikativ-Tempora des Deutschen sind somit aus maximal vier Merkmalen entsprechend der Matrix in (37) aufgebaut.

(37) Morphologische Merkmale beim Indikativ

	[Prät]	[Fut]	[Perf]	[Perf$_2$]
singst	–	–	–	–
wirst singen	–	+	–	–
hast gesungen	–	–	+	–
wirst gesungen haben	–	+	+	–
hast gesungen gehabt	–	–	+	+
sangst	+	–	–	–
hattest gesungen	+	–	+	–
hattest gesungen gehabt	+	–	+	+

Bei der Merkmalsmatrix der Indikativformen in (37) fällt auf, dass fünf Formen mit dem Merkmal [–Prät] nur drei Formen mit dem Merkmal [+Prät] gegenüberstehen. Es fehlen die beiden Kombinationen des Merkmals [+Prät] mit dem Merkmal [+Fut]. Das ist anders beim Konjunktiv: Im Gegensatz zum Indikativ gibt es hier auch die Kombinationen [+Prät] & [+Fut] sowie [+Prät] & [+Fut] & [+Perf] – Anzahl und Bau der [+Prät]-Formen entsprechen genau den [–Prät]-Formen:

(38) Morphologische Merkmale beim Konjunktiv

	[Prät]	[Fut]	[Perf]	[Perf$_2$]
singest	–	–	–	–
werdest singen	–	+	–	–
habest gesungen	–	–	+	–
werdest gesungen haben	–	+	+	–
habest gesungen gehabt	–	–	+	+
sängest	+	–	–	–
würdest singen	+	+	–	–
hättest gesungen	+	–	+	–
würdest gesungen haben	+	+	+	–
hättest gesungen gehabt	+	–	+	+

Es ergibt sich also die Merkwürdigkeit, dass die Formen *würdest singen* und *würdest gesungen haben* Konjunktivformen sind von Indikativformen, die es gar nicht gibt.

Dass es sich tatsächlich um Konjunktivformen zu handeln scheint, ergibt sich aus dem Vergleich der Formen des Tempushilfsverbs *werden* einerseits mit denen des Kopulaverbs *werden* und des Passivhilfsverbs *werden* andererseits in (39).

(39) Formen von *werden*

a. Kopulaverb

	Ind	Konj
Präs	*wird rot*	*werde rot*
Prät	*wurde rot*	*würde rot*

b. Passivhilfsverb

	Ind	Konj
Präs	*wird gesehen*	*werde gesehen*
Prät	*wurde gesehen*	*würde gesehen*

c. Tempushilfsverb

	Ind	Konj
Präs	*wird singen*	*werde singen*
Prät	**wurde singen*	*würde singen*

Aus (39) geht hervor, dass zum einen zwar die Verbform *würde* eine Konjunktivform ist, die in Opposition zur entsprechenden Indikativform *wurde* steht (*würde* ist der Konjunktiv von *wurde*), dass aber zum anderen die Form *würde singen* nicht in Opposition zu einer theoretisch entsprechenden, aber nicht existenten Indikativform **wurde singen* steht (*würde singen* ist nicht der Konjunktiv von **wurde singen*). Dies stellt ein erhebliches Problem für die adäquate Einordnung der Form dar, das in der Literatur auf unterschiedliche Weise gelöst wird.

Eine Möglichkeit ist natürlich, das Fehlen der Indikativform zu ignorieren und trotzdem von einer Konjunktivform auszugehen, wie in (39). Für eine Analyse, nach der neben der Konjunktivform eine homonyme Indikativform anzusetzen ist, so dass *würde singen* je nach Kontext sowohl Indikativ als auch Konjunktiv sein kann, plädiert Jørgensen (1966: 40), der die Sätze in (40) einander gegenüberstellt.

(40) a. Die drei Männer warten gespannt; in zehn Minuten wird die Explosion erfolgen; da wird sich auch der vierte Arbeiter in Sicherheit gebracht haben.

b. Die drei Männer warteten gespannt; in zehn Minuten würde die Explosion erfolgen; da würde sich auch der vierte Arbeiter in Sicherheit gebracht haben.

Daraus, dass in (40a) nur Indikativformen vorkommen und dass (40b) lediglich eine Verlagerung in die Vergangenheit ist (deutlich an *warteten* in b. gegenüber *warten* in a.), ohne irgendeine zusätzliche Modalisierung, folgert Jørgensen, dass in (40b) genauso Indikativ vorliegen muss wie in (40a). Während die Beobachtung, dass ein Wechsel des Modus in (40b) gegenüber (40a) nicht plausibel ist, richtig ist, bleibt es doch dabei, dass es morphologisch keinerlei Unterschied zwischen dem Indikativ *würde singen* und dem Konjunktiv *würde singen* gibt. Wie gezeigt, gibt es auf der Formseite keine Opposition zwischen Indikativ- und Konjunktivform, so dass – und das ist die dritte mögliche Analyse – für die *würde*-Form überhaupt kein Modus angenommen werden muss. In (41) sind die *würde*-Formen moduslos, d.h. unterspezifiziert hinsichtlich der Merkmalklasse Modus.

(41) Morphologische Merkmale der Tempus- und Modusformen

	[Konj]	[Prät]	[Fut]	[Perf]	[Perf$_2$]
singst	–	–	–	–	–
wirst singen	–	–	+	–	–
hast gesungen	–	–	–	+	–
wirst gesungen haben	–	–	+	+	–
hast gesungen gehabt	–	–	–	+	+
sangst	–	+	–	–	–
hattest gesungen	–	+	–	+	–
hattest gesungen gehabt	–	+	–	+	+
singest	+	–	–	–	–
werdest singen	+	–	+	–	–
habest gesungen	+	–	–	+	–
werdest gesungen haben	+	–	+	+	–
habest gesungen gehabt	+	–	–	+	+
sängest	+	+	–	–	–
hättest gesungen	+	+	–	+	–
hättest gesungen gehabt	+	+	–	+	+
würdest singen	0	+	+	–	–
würdest gesungen haben	0	+	+	+	–

Es stellt sich nun die Frage, ob dem kompositionalen Aufbau auf der Formseite auch ein entsprechender kompositionaler Aufbau auf der Bedeutungsseite entspricht.

Für die Indikativformen kann dies uneingeschränkt bejaht werden: Die Bedeutung des Merkmals [+Prät] ist „Vergangenheit" und diese Bedeutung liegt sowohl bei der Präteritum- als auch bei der Plusquamperfektform vor. Das Merkmal [+Fut] hat die Bedeutung „zukünftig oder Vermutung" und sowohl das Futur I als auch das Futur II weisen diese Bedeutung auf. Und schließlich ist auch die Bedeutung „vorzeitig" in allen Formen mit dem Merkmal [+Perf] enthalten: Mit dem Perfekt bzw. „Präsensperfekt" wird eine Situation als vorzeitig zu einem Zeitpunkt, der nicht in der Vergangenheit liegt, charakterisiert (*Jetzt ist sie angekommen; Morgen abend ist die Arbeit beendet*). Mit dem Futur II wird eine Situation als vorzeitig zu einem zukünftigen Zeitpunkt bezeichnet (*Morgen abend um zehn wird die Arbeit beendet sein*) oder es wird eine Vermutung über eine Situation, die vorzeitig zu einem nicht vergangenen Zeitpunkt liegt, geäußert (*Jetzt/morgen wird er seine Arbeit beendet haben*). Schließlich situiert das Plusquamperfekt eine Situation vorzeitig zu einem vergangenen Zeitpunkt (*Gestern hatte er die Arbeit schon beendet*).

Sehr viel schwieriger ist die Antwort auf die Frage, ob auch die Bedeutung der Konjunktivformen sich kompositional aus den Bedeutungen der einzelnen Formmerkmale ergibt. Als erstes stellt sich natürlich die Frage, ob das Merkmal [+Konj] eine Grundbedeutung hat, und was diese Grundbedeutung sein könnte – eine Frage, die erstaunlicherweise in kaum einer Grammatik gestellt wird. Betrachten wir dazu noch einmal einige Vorkommen von Konjunktivformen:

(42) Solvejg sagte, sie **sei** krank/sie **werde** nicht **kommen**/sie **habe** zuviel **gearbeitet**.

(43) Solvejg sagte, sie **wäre** krank/sie **würde** nicht **kommen**/sie **hätte** zuviel **gearbeitet**.

(44) Wenn sie gesund **wäre**/zuviel **gearbeitet hätte**, **käme** sie uns besuchen.

(45) **Hätte** ich doch mehr Geld!

Der Konjunktiv in der indirekten Rede in (42) und (43) drückt aus, dass der Sprecher keine Stellung zur Wahrheit des Ausgesagten nimmt. Er gibt den Inhalt von Solvejgs Rede wieder, ohne damit zu sagen, dass das, was Solvejg gesagt hat, auch tatsächlich zutrifft. Auch in (44) und (45) wird nicht gesagt, dass sie gesund ist, zuviel gearbeitet hat oder kommt, oder dass ich mehr Geld habe. Darüber hinaus implizieren (44) und (45) (anders als (42) und (43)) sogar, dass das im Konjunktiv Ausgedrückte tatsächlich nicht der Fall ist. Gemeinsam ist jedoch offensichtlich allen Verwendungen des Konjunktivs, dass der Sprecher das Gesagte, im Gegensatz zum Indikativ, nicht als sein gesichertes Wissen darstellt, d.h., dass mit dem Konjunktiv Nicht-Faktivität ausgedrückt wird. Die Grundbedeutung des Konjunktivs wäre demnach, unabhängig vom Tempus, **nicht-faktiv**.

Während die Konjunktiv I-Formen in (42) offensichtlich dieselben Tempusbedeutungen wie die entsprechenden Indikativformen aufweisen, gilt dies nicht für die Konjunktiv II-Formen: Der Konjunktiv Präteritum hat nicht Vergangenheitsbezug, sondern Gegenwarts- oder Zukunftsbezug, und der Konjunktiv Plusquamperfekt scheint einfach nur „Vergangenheit" zu bedeuten. Die Kompositionalität auf der Formseite entsprechend (41) scheint also bei den Konjunktivformen auf der Bedeutungsseite nicht ganz gegeben.

Allerdings haben wir die Bedeutung des Präteritums (bzw. die Bedeutung des Merkmals [+Prät]) allein unter Berücksichtigung des Indikativs entwickelt. Ob es möglich ist, eine modusunabhängige Bedeutung des Präteritums, die also für Indikativ und Konjunktiv gleichermaßen gilt, zu finden, muss hier offen bleiben (dazu Thieroff 1992).

Aufgabe 15: Die folgenden beiden Sätze enthalten Verbformen, die im hier vorgestellten Tempussystem nicht enthalten sind. Erstellen Sie eine Merkmalsmatrix dieser Formen entsprechend (41). Reichen die Merkmale in (41) für die Analyse aus, oder sind zusätzliche Merkmale erforderlich?
(i) *Aber Zeitung werden sie doch gelesen haben. Wenigstens den „General-Anzeiger"* <u>*werden*</u> *sie doch* <u>*abonniert gehabt haben.*</u> (Christa Wolf, Kindheitsmuster, zit. nach Litvinov/Radčenko 1998: 201)
(ii) *Winckelmann gibt hierfür den Grund an, dass bei größeren Statuen, welche dem Blick des Beschauers ferner standen, das Auge ohne diese tiefere Lage, da außerdem der Augapfel mehrenteils glatt war, ohne Bedeutung und gleichsam* <u>*erstorben gewesen sein würde,*</u> *wenn nicht eben durch Erhabenheit der Augenknochen das dadurch vermehrte Spiel des Lichts und Schattens das Auge wirksamer gemacht hätte.* (G.W.F. Hegel, Ästhetik, zit. nach Litvinov/ Radčenko 1998: 213)

3.9 Passiv

Das Passiv repräsentiert zusammen mit dem Aktiv die Merkmalklasse **Genus Verbi**. Im **Passiv** wird der Sachverhalt aus Richtung des Patiens, des die Handlung Erleidenden, betrachtet, das dabei auch im Subjekt steht. Als morphologische Markierung kommt etwa das Hilfsverb *werden* hinzu.

(46) Die Zeitung wird jeden Tag (von mir) gelesen.

Das Agens, der Handelnde, kann, muss im Passiv aber nicht genannt werden (*von mir*). Existiert ein Passivsatz, wird der Sachverhalt im **Aktiv** aus der Sicht des Agens gesehen.

(47) Ich lese jeden Tag die Zeitung.

Das Aktiv ist morphologisch nicht markiert, weshalb auch solche unmarkierten Konstruktionen Aktiv genannt werden, die im Subjekt kein Agens aufweisen: *Es regnet.*
   Syntaktisch ist dabei das Subjekt im Aktiv mit dem Agens (*ich*), im Passiv mit dem Patiens (*die Zeitung*) gefüllt. Die Variante mit Subjekt heißt **persönliches Passiv** und kann nur von **transitiven Verben** gebildet werden: *Die Zeitung wird jeden Tag (von mir) gelesen.* Das sind Verben, die im Akkusativobjekt ein Patiens aufweisen, das im Passiv als Subjekt erscheinen kann. Verben, für die das nicht zutrifft, heißen **intransitiv**, z.B. *jemandem vertrauen, lachen.*

31

Intransitive Verben können aber ein subjektloses oder **unpersönliches Passiv** bilden.

(48) a. Uns wird nie wieder vertraut.
      b. Da wurde laut gelacht.

Das unpersönliche Passiv ist verglichen mit dem persönlichen Passiv selten.

Im Gegensatz zum Aktiv ist das Passiv markiert, d.h., es gibt ein zusätzliches Mittel, woran man erkennt, dass es sich um ein Passiv handelt. Dieses Mittel ist das Verb *werden*, das in Kombination mit dem Partizip II ein Passiv bildet. Das Passiv ist also eine analytische Konstruktion, da es nicht alleine am Verb selbst ausgedrückt wird, sondern mit dem Hilfsverb *werden*. Das Passiv kann, mit Ausnahme des Doppelperfekts und des Doppelplusquamperfekts (Litvinov/Radčenko 1998: 154), in jedem Tempus im Indikativ und Konjunktiv gebildet werden, wobei alleine *werden* in das jeweilige Tempus und den jeweiligen Modus gesetzt wird. Dabei ist zu beachten, dass *werden* sein Perfekt und Plusquamperfekt wiederum mit dem Hilfsverb *sein* bildet. Als Besonderheit ist zu erwähnen, dass das Partizip II im Passiv *worden*, nicht *geworden* lautet.

Die Form mit *werden* ist das typische Passiv und stellt den Sachverhalt als Vorgang dar, weshalb es **Vorgangspassiv** heißt: *Du wirst reich beschenkt*. Daneben gibt es auch eine Form mit *sein*, bei der an Stelle von *werden* die entsprechende Form von *sein* steht. Diese Konstruktion wird meist als **Zustandspassiv** eingeordnet, da der Sachverhalt als Zustand dargestellt wird: *Du bist reich beschenkt*. Besonders in letzter Zeit wird häufiger die Auffassung vertreten, dass es sich dabei nicht um eine Passivform, sondern um eine Verbindung von Kopulaverb und adjektivischem Partizip II handelt (z.B. Lenz 1995 und Rapp 1997).

(49) Die Formen des Passivs

	Vorgangspassiv	Zustandspassiv
Präs.	*wirst beschenkt*	*bist beschenkt*
Prät.	*wurdest beschenkt*	*warst beschenkt*
Perf.	*bist beschenkt worden*	*bist beschenkt gewesen*
Plusq.	*warst beschenkt worden*	*warst beschenkt gewesen*
Fut. I	*wirst beschenkt werden*	*wirst beschenkt sein*
Fut. II	*wirst beschenkt worden sein*	*wirst beschenkt gewesen sein*

Daneben gibt es eine weitere Passivvariante mit den Hilfsverben *bekommen*, *kriegen* oder *erhalten*.

(50) a. Sie bekommen/kriegen/erhalten eine Urkunde ausgehändigt.
      b. Sie bekommen/kriegen den Führerschein abgenommen.

Diese Konstruktion wird als Rezipientenpassiv, manchmal auch als Dativpassiv, oder einfach als *bekommen*-Passiv bezeichnet. Anstelle des Patiens (deshalb auch Patienspassiv) steht hier der Rezipient bzw. das Dativobjekt des Aktivsatzes im Subjekt des Passivsatzes. Es gibt davon keine subjektlose bzw. unpersönliche Variante.

Das Rezipientenpassiv ist wie das *werden*-Passiv ein Vorgangspassiv. Ob es auch eine entsprechendes Zustandspassiv gibt, ist umstritten. In Frage käme das so genannte *haben*-Passiv: *Das Pferd hat die Fesseln bandagiert* (z.B. Leirbukt 1981 und Askedal 1984).

Aufgabe 16: Bilden Sie vom Verb *besingen* folgende Passivformen in der 3. Person Singular: Präsens Konjunktiv *werden*-Passiv, Plusquamperfekt Indikativ *sein*-Passiv, Futur I Konjunktiv *sein*-Passiv, Präsens *würde*-Konjunktiv *werden*-Passiv.

Aufgabe 17: Warum kann von den folgenden Verben kein Passiv gebildet werden? *bekommen, blühen, gefallen, geschehen, interessieren, schneien.*

3.10 Modalverben

Im Gegensatz zu Modus als flexivisch-grammatisches Mittel stellen die **Modalverben** lexikalische Mittel dar, um Modalität, also die Art und Weise, wie ein Sachverhalt vom Sprecher hinsichtlich der Wirklichkeit eingeschätzt wird, zum Ausdruck zu bringen. Das Deutsche hat sechs Modalverben: *dürfen* und *können* mit der Modalität der **Möglichkeit/Erlaubnis**, *sollen* und *müssen* mit der Modalität der **Notwendigkeit** sowie *mögen* und *wollen* mit der Modalität des **Wunsches/Willens**.

Modalverben können mit oder ohne ein weiteres Verb stehen: *Ich kann singen; Ich kann es/das.* Liegt ein weiteres Verb vor, steht dieses grundsätzlich im einfachen, nicht im durch *zu* erweiterten Infinitiv: *Ich kann singen; *Ich kann zu singen.* Steht das Modalverb im Perfekt, Plusquamperfekt oder Futur II mit einem weiteren Verb, nimmt das Partizip II des Modalverbs obligatorisch die Form des Infinitivs an, man spricht von einem **Ersatzinfinitiv** (Infinitiv als Ersatz für das Partizip): *Ich habe singen dürfen* (nicht *Ich habe singen gedurft*). Steht das Modalverb ohne weiteres Verb, tritt der Ersatzinfinitiv im Allgemeinen nicht auf, er kommt aber gelegentlich vor: *Ich habe das gedurft/?dürfen.*

Die Verneinung eines Satzes mit Modalverb impliziert bei fünf der sechs Modalverben eine Verneinung der Modalität. Also:

(51) a. *Sie kann/darf das **nicht** tun.*
Es besteht **nicht** die Möglichkeit/Erlaubnis, dass sie das tut.
b. *Sie möchte/will das **nicht** tun.*
Es besteht **nicht** der Wunsch/Wille, dass sie das tut.
c. *Sie muss das **nicht** tun.*
Es besteht **nicht** die Notwendigkeit, dass sie das tut.

Eine Abweichung besteht aber bei *sollen*, denn *Sie soll das **nicht** tun* kann nicht bedeuten „Es besteht **nicht** die Notwendigkeit, dass sie das tut", sondern nur „Es besteht die Notwendigkeit, dass sie das **nicht** tut".

Andererseits kann die Verneinung der Notwendigkeit aber auch durch *nicht brauchen* erfolgen, denn *Sie braucht das nicht (zu) tun* bedeutet „Es besteht **nicht** die Notwendigkeit, dass sie das tut". Insofern passt *brauchen* zu *müssen*, wie hinsichtlich *müssen* in (51c) dargestellt. Aus diesem Grund wird *brauchen* auch manchmal zu den Modalverben gerechnet. Hinzu kommt, dass *brauchen* immer häufiger mit dem einfachen statt mit dem erweiterten Infinitiv steht: *Sie braucht das nicht tun.* Es schließt sich also auch morphologisch den sechs typischen Modalverben an.

Was die Flexion der sechs Modalverben angeht, so gehören sie zu den unregelmäßigen Verben, sie vereinen Merkmale schwacher und starker Verben in sich. Mit den schwachen teilen alle die Bildung des Präteritums und des Partizips II mit Hilfe des Suffixes *-t*. Mit den starken teilen *dürfen*, *können*, *mögen* und *wollen* den Vokalwechsel, der aber bei ihnen statt im Präteritum im Präsens (dort jedoch nur im Singular) vorliegt. Man vergleiche die folgenden Formen:

(52) Flexionsformen der Modalverben

	1.Pl. Prät.	Partizip II	Infinitiv	1.Pl. Präs.	1.Sg. Präs.
a.	*wir durften*	*gedurft*	*dürfen*	*wir dürfen*	*ich darf*
b.	*wir mussten*	*gemusst*	*müssen*	*wir müssen*	*ich muss*
c.	*wir konnten*	*gekonnt*	*können*	*wir können*	*ich kann*
d.	*wir mochten*	*gemocht*	*mögen*	*wir mögen*	*ich mag*
e.	*wir sollten*	*gesollt*	*sollen*	*wir sollen*	*ich soll*
f.	*wir wollten*	*gewollt*	*wollen*	*wir wollen*	*ich will*

Neben dem Vokalwechsel besteht eine weitere Gemeinsamkeit zwischen Modalverben und starken Verben darin, dass die Person-Numerus-Endungen der Modalverben im Präsens mit denen der starken Verben im Präteritum identisch sind. Insbesondere sind sie in der 1. und 3. Person Singular endungslos.

(53) Person-Numerus-Endungen der Modalverben

		Präsens *dürfen*		Präteritum *singen*	
		Indikativ	Konjunktiv	Indikativ	Konjunktiv
Singular	1.	*darf*	*dürf-e*	*sang*	*säng-e*
	2.	*darf-st*	*dürf-e-st*	*sang-st*	*säng-e-st*
	3.	*darf*	*dürf-e*	*sang*	*säng-e*
Plural	1.	*dürf-en*	*dürf-e-n*	*sang-en*	*säng-e-n*
	2.	*dürf-t*	*dürf-e-t*	*sang-t*	*säng-e-t*
	3.	*dürf-en*	*dürf-e-n*	*sang-en*	*säng-e-n*

Bezüglich des Stammvokals der Modalverben kristallisieren sich zudem folgende Detailstrukturen heraus: im Präteritum und Partizip II liegen *u* oder *o* vor; diese Vokale wiederholen sich im Infinitiv und Präsens Plural oder werden zu *ü/ö* umgelautet; im Präsens Singular wechselt der Vokal oder er stimmt mit dem *u/o* im Präteritum/Partizip II überein.

(54) Stammvokale der Modalverben

	Präteritum/ Partizip II	Infinitiv/ Präsens Plural	Präsens Singular
a.	u/o	ü/ö	a (*darf, kann, mag*)
b.	o	o	i (*will*)
c.	u	ü	u (*muss*)
d.	o	o	o (*soll*)

Das Schema in (50a) ist mit drei von sechs Modalverben das dominante. Schemata (b), (c) und (d) weichen sukzessive immer mehr davon ab, wobei *sollen* mit dem durchgängig selben Vokal die absolute Ausnahme darstellt.

Wie kommt es zu diesen Verhältnissen? Historisch gesehen gehören mit Ausnahme von *wollen* (dazu weiter unten) alle verbleibenden fünf Modalverben (also *dürfen, müssen, können, mögen* und *sollen*) zu den so genannten **Präterito-Präsentien**. Präterito-Präsentien sind Verben, deren heutige Präsensformen auf alte Präteritumformen zurückgehen. Deshalb weist z.B. *dürfen* im Präsens Singular einen Ablaut *a* auf (*du darfst*), obwohl der Ablaut normalerweise an das Präteritum gebunden ist. Außer den fünf Modalverben gab es auch noch andere Präterito-Präsentien, davon existiert heute nur noch *wissen*. Andere wie z.B. *gönnen*, sind in die Klasse der schwachen Verben übergetreten.

Bei den Präterito-Präsentien handelte es sich ursprünglich um starke Verben. D.h., wenn noch ein Ablaut, das Kennzeichen des Präteritums der starken Verben, vorhanden ist, lässt er sich bei diesen Verben im Präsens beobachten. Alte Ablautverhältnisse wie etwa noch im Mittelhochdeutschen (1050-1350 n.Chr.) sehen sogar zwei Ablaute vor, den einen im Singular, den anderen im Plural, z.B. *ich warf – wir wurfen*. Ein ähnlicher Fall findet sich noch bei *ich darf – wir dürfen, ich kann – wir können* und *ich mag – wir mögen*. Der Umlaut im Plural ist dabei jeweils aus dem Konjunktiv entlehnt. Bei *ich muss – wir müssen* und *ich soll – wir sollen* wurde im Frühneuhochdeutschen (1350-1650 n.Chr.) der Vokal aus dem Präsens Plural generalisiert, so dass hier auch im Singular der Pluralvokal *u/ü* bzw. *o* vorliegt.

Dass zudem der (unter Umständen umgelautete) Stammvokal des Präsens Plural durchgängig mit dem in Infinitiv, Präteritum und Partizip II übereinstimmt, ist kein Zufall. Infinitiv, Präteritum und Partizip II fehlten nämlich ursprünglich und wurden später neu gebildet. Dafür wurde der Vokal des Präsens Plural genommen. Aufgrund dieser nachträglichen Auffüllung der Formen werden die Präterito-Präsentien auch manchmal **defektive Verben** genannt.

, Bleibt zuletzt noch *wollen* zu erwähnen, wobei jedoch nicht ins Detail gegangen werden kann. Hier hat nicht wie bei den Präterito-Präsentien eine Verschiebung der Präteritumform in die Präsensfunktion stattgefunden, sondern die Verschiebung einer Konjunktivform in die Indikativfunktion (ähnlich heutigem *ich möchte*, das indikativischem *ich mag* entspricht). Einziges Relikt des früheren Indikativs ist der Präsens Singular mit *i*-Stammvokal (*du willst*), alle anderen Formen werden inzwischen mit *o*-Stammvokal gebildet (*wir wollen*), der früher Zeichen des Konjunktivs war.

Aufgabe 18: Wie ist mit dem Schema in (51) *nicht müssen* im Sinne eines Verbotes zu erklären, wie es etwa im Englischen und teilweise auch in (vor allem nord)deutschen Varietäten vorliegt? Man vergleiche etwa: *You mustn't do this* ‚Du darfst das nicht tun‘.

Aufgabe 19: a) In der gesprochenen Sprache hört man häufig Äußerungen wie: *Das brauch man nicht machen. Sie brauch morgen nicht kommen.* Wie ist die Bildung der 3. Person Singular Präsens zu erklären?
b) *brauchen* ist ein schwaches Verb (*brauchen, brauchte, gebraucht*). Trotzdem wird der Konjunktiv Präteritum regelwidrig meist umgelautet: *Wenn ich das doch nur nicht machen bräuchte!* Wie könnte man den Umlaut erklären?

3.11 Zusammenfassung

Die Verbformen sind morphologisch besonders komplex, da die Konjugation viele Merkmalklassen umfasst. Am stärksten ausgeprägt sind diese in den so genannten finiten Verbformen. Finite

Verbformen sind alle Verbformen außer Infinitiv, Partizip I und
Partizip II.

- An Tempora besitzt das Deutsche Präsens, Präteritum, Perfekt,
  Plusquamperfekt, Doppelperfekt, Doppelplusquamperfekt, Futur I und Futur II.
- Präsens und Präteritum werden synthetisch gebildet, alle anderen analytisch. Das Präsens ist unmarkiert, d.h., es gibt kein
  eigenes Präsens-Morphem. Das Präteritum wird im Allgemeinen entweder nur mit einem -te-Suffix (schwache Verben)
  oder nur mit einem Stammvokalwechsel, dem Ablaut, gebildet
  (starke Verben). Nicht in dieses Schema passende Verben heißen unregelmäßig.
- Die analytischen Tempora (Doppel)Perfekt und (Doppel)Plusquamperfekt sowie Futur I und II benötigen zu ihrer
  Bildung Hilfsverben. Perfekt und Plusquamperfekt ziehen dazu *haben* oder *sein* heran, das Futur I nur *werden*, Futur II sowohl *werden* als auch *haben* oder *sein*.
- An Modi weist das Deutsche Indikativ, Konjunktiv und Imperativ auf. Der Indikativ ist morphologisch unmarkiert, der
  Konjunktiv weist ein -*e*-Suffix auf. Konjunktive mit dem finiten Verb im Präsens werden Konjunktiv I genannt, solche mit
  dem finiten Verb im Präteritum Konjunktiv II.
- Aktiv und Passiv gehören zur Merkmalklasse Genus Verbi,
  wobei das Aktiv die unmarkierte Form ist. Das Vorgangspassiv wird mit dem Hilfsverb *werden*, das Zustandspassiv mit
  sein gebildet. Man unterscheidet zudem persönliches und unpersönliches Passiv. Im persönlichen Passiv liegt ein Subjekt
  vor im unpersönlichen Passiv nicht.
- Morphologisch besonders irregulär verhalten sich *haben*, *werden* und *sein* sowie die Modalverben *können*, *mögen*, *dürfen*,
  müssen, *sollen* und *wollen*.

Grundbegriffe: stark, schwach, unregelmäßig, Suppletivismus, finit,
infinit, Infinitiv, Partizip I, Partizip II, Ersatzinfinitiv, Person, Numerus, Kongruenz, Modus, Imperativ, Indikativ, Konjunktiv, Tempus, Präsens, Präteritum, Perfekt, Plusquamperfekt, Doppelperfekt,
Doppelplusquamperfekt, Futur I, Futur II, Genus Verbi, Aktiv, Passiv, Vorgangspassiv, Zustandspassiv, Modalität, Präterito-
Präsentien.

Weiterführende Literatur: Zu den Verbklassen: Bittner (1996); zu den infiniten Verbformen: Bech (1983); zum Partizip I: Fuhrhop/Teuber (2000); zu Person und Numerus: Wiese (1994); zu Tempus und Modus: Thieroff (1992), Pe-

trova (2008); zum Tempus: Reichenbach 1966), Rothstein (2007), Weinrich (2001); zu Präteritum und Perfekt: Latzel (1977); zum Futur: Matzel/ Ulvestad (1982), Vater (1975); zum Doppelperfekt: Litvinov/Radčenko (1998), Rödel (2007); zu Perfekt und Passiv: Teuber (2005); zum Imperativ: Donhauser (1986); zum Konjunktiv: Bausch (1979), Jäger (1971), Thieroff (2010); zum Passiv: Brinker (1971), Jäntti (1978), Leirbukt (1997), Pape-Müller (1980), Schoenthal (1976), Vogel (2006); zu den Modalverben: Diewald (1999).

4. Das Substantiv

Das Substantiv flektiert hinsichtlich der beiden Merkmalklassen Numerus (Merkmale Singular und Plural) und Kasus (Merkmale Nominativ, Akkusativ, Dativ, Genitiv; zur Reihenfolge der Kasus 5.3). Außerdem weist jedes Substantiv ein inhärentes, d.h. unveränderliches, Genusmerkmal auf (Maskulinum, Neutrum, Femininum). Wir betrachten zunächst die Bildung des Plurals (4.1) und der Kasus (4.2). Daran anschließend diskutieren wir die sich daraus ergebenden Deklinationsklassen (4.3) und Übergänge von Substantiven von der einen in eine andere Deklinationsklasse (4.4). Abschließend wird das Konzept der unterspezifizierten Paradigmen vorgestellt (4.5).

4.1 Pluralbildung

Betrachtet man Pluralformen des Deutschen, so scheint es zunächst, als gäbe es mindestens neun verschiedene Möglichkeiten der Pluralbildung.

(1)   Verschiedene Pluralformen

Pluralform	Bildungselemente
Berg-e	*-e*
Händ-e	*-e* + Umlaut
Kind-er	*-er*
Kälb-er	*-er* + Umlaut
Blume-n	*-n*
Mensch-en	*-en*
Balken	keine Pluralmarkierung
Vögel	nur Umlaut
Auto-s	*-s*

Eine Systematik ist auf den ersten Blick nicht erkennbar, und tatsächlich wird in Wörterbüchern für jedes Substantiv die Bildung des Plurals eigens angegeben.

Eine genauere Untersuchung der auftretenden Pluralformen zeigt jedoch, dass es durchaus Regeln gibt, nach denen der Plural gebildet wird. Diese Regeln werden sowohl durch lautliche Gegebenheiten als auch durch die Genuszugehörigkeit des jeweiligen Substantivs bestimmt.

Allein durch die Anwendung lautlicher Regeln lassen sich *-er* und *-er* + Umlaut ebenso wie *-n* und *-en* sowie *-e* und „Null" bereits zu den Pluralmorphemen *-er*, *-(e)n* und *-(e)* zusammenfassen.

Sehen wir uns zuerst die Pluralformen auf *-er* an. Auffällig ist, dass Pluralformen wie **Manner*, **Locher*, **Wurmer* nicht vorkommen. Warum nicht? Das Pluralsuffix *-er* bewirkt immer Umlaut, sofern der Vokal des Substantivstammes umlautfähig ist, weshalb es *Männer*, *Löcher*, *Würmer* heißen muss. D.h. also, *-er* und *-er* + Umlaut stehen unmittelbar in Beziehung zueinander; es handelt sich um Varianten ein und desselben Pluralsuffixes *-er* + Umlaut.

Nun zur Verteilung von *-n* und *-en*. Vergleicht man Pluralformen wie *Blume-n*, *Bauer-n*, *Gabel-n* einerseits mit Formen wie *Burg-en*, *Schuld-en*, *Mensch-en* andererseits, dann fällt auf, dass nicht-silbenbildendes *-n* genau dann steht, wenn das Substantiv auf eine nicht-betonbare, also eine schwahaltige Silbe (auch einfach Schwasilbe genannt) endet. Damit hat der Plural genau so viele Silben wie der Singular (z.B. *Ga.bel* vs. *Ga.beln*). Endet das Substantiv hingegen auf eine betonbare Silbe, dann steht silbenbildendes *-en*, der Plural hat eine Silbe mehr als der Singular (z.B. *Mensch* vs. *Men.schen*). Pluralformen wie **Blume-en*, **Bauer-en*, **Gabel-en* sind ebenso ausgeschlossen wie **Burg-n*, **Schuld-n*, **Mensch-n*. Daraus ist abzuleiten, dass es nur ein Pluralsuffix *-(e)n* gibt, welches in Abhängigkeit von der phonologischen Singular-Form des Substantivs entweder silbenbildend als *-en* realisiert wird (nach betonbaren Silben) oder nicht-silbenbildend als *-n* (nach nicht-betonbaren Schwasilben).

Vergleichen wir nun die Pluralformen *Berg-e*, *Hund-e*, *Jahr-e* mit den suffixlosen Pluralformen *Balken*, *Messer*, *Löffel*, dann ergibt sich dasselbe Bild wie beim *n*-Plural: Auch hier sind Pluralformen wie **Berg*, **Hund*, **Jahr* ebenso ausgeschlossen wie die Formen **Balken-e*, **Messer-e*, oder **Löffel-e*. Auch das Pluralsuffix *-e* kann nur an betonbare Silben treten, nicht an Schwasilben. *-e* und Suffixlosigkeit sind also auf dieselbe Weise komplementär verteilt wie *-en* und *-n*.

Im Folgenden schreiben wir daher „*-(e)*" für das Pluralsuffix, das, abhängig davon, ob es an betonbare oder an nicht-betonbare

Silben tritt, als -e (*die Berg-e*) oder als „Null" (*die Balken*) realisiert wird, und „-(e)n" für das Pluralsuffix, das, abhängig davon, ob es silbenbildend oder nicht silbenbildend ist, als -en (*Burg-en*) oder als -n (*Blume-n*) realisiert wird.

Mit diesen phonologischen Regeln ist allerdings weder geklärt, wann bei -(e) umgelautet wird (z.B. *Hände*), noch, wann welches der Suffixe -(e), -(e)n, -er und auch nicht, wann -s zur Pluralbildung gewählt wird.

Die Wahl des jeweiligen Pluralmarkers ist wesentlich vom Genus des Substantivs abhängig. Da sich Maskulinum und Neutrum, wie sich gleich zeigen wird, bezüglich der Pluralbildung oft gleich verhalten, können sie zu einem Über-Genus „Nicht-Femininum" zusammengefasst werden. Es ergibt sich dann als **zentrales Pluralsystem** (modifiziert nach August 1979: 224; vgl. Duden 2009: 181-184):

Pluralregel 1:   Nicht-Feminina bilden den Plural auf -(e).
Pluralregel 2:   Feminina bilden den Plural auf -(e)n.
Pluralregel 3:   Mehrsilbige Substantive, die auf Vollvokal enden, bilden den Plural genusunabhängig auf -s (*Uhus, Büros, Kameras*).

Es gibt allerdings Einschränkungen zu diesen Regeln. Bei der Pluralregel 1 sind das die folgenden:
1. Eine geschlossene Klasse von einsilbigen Nicht-Feminina des Grundwortschatzes (überwiegend Neutra) bildet den Plural auf -er (*Kinder, Wälder*).
2. Nicht-Feminina, die im Singular auf nicht-betonbares -e enden, bilden den Plural mit -n (*Boten, Geologen, Gedanken, Augen, Enden, Interessen*).
3. Abweichend von 2. bilden Neutra mit dem Wortbildungszirkumfix *Ge-e* den Plural ohne Suffix (*die Gebirge, Getriebe*).
4. Maskulina mit dem Genitiv Singular auf -(e)n bilden auch den Plural auf -(e)n (*Affen, Menschen, Linguisten*).
5. Einige weitere Nicht-Feminina bilden den Plural auf -(e)n (*Staaten*).

Auch zu Pluralregel 2 gibt es eine Einschränkung: Eine geschlossene Klasse von einsilbigen Feminina des Grundwortschatzes bildet den Plural auf -e (*Hände, Künste*).

Zusätzlich zu Pluralregel 3 gilt: Substantive aller Genera nehmen den s-Plural, wenn sie einer der folgenden Gruppen angehören (vgl. Bornschein/Butt 1987):

- Eigennamen (*die Peters, die Marias, die zwei Koreas*).
- Kurzwörter (*die Akkus, Autos, Unis, Profs*).
- Buchstabenwörter (*die EKGs, GmbHs, PKWs*).
- Onomatopoetika (*die Kuckucks, Wauwaus, Töfftöffs*).
- Substantivierungen wie *die Achs und Wehs, Hochs, Warums*.
- eine Reihe von Fremdwörtern, überwiegend aus dem Englischen, wie *die Bars, Jobs, Mails, Schecks, Slips*.

Und nun zum Umlaut. Für den Plural-Umlaut gelten die folgenden festen Regeln:

Umlautregel 1: Substantive mit den Pluralsuffixen *-(e)n* und *-s* lauten nie um (einzige Ausnahme: *die Werkstätten*).

Umlautregel 2: Substantive mit er-Plural haben immer Umlaut (sofern der Stammvokal umlautfähig ist) (s.o.).

Umlautregel 3: Die Feminina mit (*e*)-Plural haben immer Umlaut, da nur solche Feminina den Plural auf *-(e)* bilden, die einen umlautfähigen Vokal aufweisen. Die einzige Ausnahme sind Feminina auf *-nis*, z.B. *die Kenntnisse*.

Umlautregel 4: Neutra mit (*e*)-Plural haben nie Umlaut (einzige Ausnahmen: *Flöße, Klöster, Wässer*; die beiden letzteren haben die Nullvariante des (*e*)-Plurals).

Umlautregel 5: Bei den Maskulina mit umlautfähigem Vokal, die den Plural auf *-(e)* bilden, gibt es sowohl solche, die nicht umlauten (*die Hunde, Balken*) als auch solche, die umlauten (*die Wölfe, Äpfel*).

Zu Umlautregel 5: Bei den Einsilbern des Grundwortschatzes ist die Verteilung der beiden Muster etwa 50:50, so dass hier keine Präferenzregel angegeben werden kann. Dagegen tritt der Umlaut bei den morphologisch einfachen Zweisilbern, die auf eine Schwasilbe auslauten (und daher kein Pluralsuffix erhalten), nur zu etwa 10% auf (Typ *Äpfel, Gärten, Vögel*). Die Tatsache, dass es bei den Maskulina sowohl *(e)*-Plurale ohne Umlaut als auch solche mit Umlaut gibt, zwingt dazu, zwei verschiedene *(e)*-Suffixe anzunehmen, die wir als *-(e)* bzw. mit Umlaut als ¨*-(e)* notieren können (anders z.B. Eisenberg 2006a).

Damit ergeben sich die folgenden fünf Pluralsuffixe:

(2)   Pluralsuffixe: *-(e)*, ¨*-(e)*, *-(e)n*, *-er*, *-s*

Wir können nun angeben, welches die **unmarkierten**, d.h. häufigsten Pluralbildungen sind:

1. Die unmarkierte Pluralbildung der Nicht-Feminina erfolgt mittels des Suffixes *-(e)*.
2. Die unmarkierte Pluralbildung der Feminina erfolgt mittels des Suffixes *-(e)n*.
3. Markierte Substantive (Eigennamen etc.; s.o.) bilden den Plural mit dem Suffix *-s*.

Alle anderen Pluralbildungen sind **markierte**, d.h. seltenere Pluralbildungen:

1. *-er* und *-(e)n* bei den Nicht-Feminina;
2. *¨-(e)* bei den Feminina und den Maskulina.

Markierte Pluralbildungen liegen natürlich auch bei den Fremdwörtern vor, deren Plural mit keinem der bisher genannten Suffixe gebildet wird. Neben den fünf aufgeführten Pluralbildungen kommen bei Fremdwörtern, besonders häufig bei fachsprachlichen Termini, auch Pluralformen vor, die denen der Herkunftssprache entsprechen oder an sie angelehnt sind (*Stimuli*, *Genera*, *Tempora*, *Kasus* (gesprochen ['ka:zu:s]), *Abstrakta*, *Appendizes*, *Lexika*, *Schemata* etc.).

4.2 Kasus

Auch bei der Bildung der Kasus ist zunächst zwischen den Nicht-Feminina und den Feminina zu unterscheiden. Zudem kann die Kasusbildung im Singular getrennt von der im Plural betrachtet werden.

Zunächst zum Singular. Die Feminina markieren im Singular generell keinen Kasus, unabhängig davon, wie sie den Plural bilden. Eine feminine Singularform wie z.B. *Lampe* kann also immer sowohl Nominativ als auch Akkusativ als auch Dativ als auch Genitiv sein.

Bei den Nicht-Feminina können zunächst zwei Typen unterschieden werden.

Den Nicht-Feminina des ersten Typs gehören sowohl Maskulina als auch Neutra an. Sie bilden den Genitiv Singular mit dem Kasussuffix *-s* oder *-es*. Bei Substantiven, die auf einen Vollvokal oder auf eine Schwasilbe auslauten, ist *-s* obligatorisch (s. (3)). Endet die Schwasilbe im Nominativ auf [s], wird das Genitiv-*s* nicht realisiert (*Herpes, Kirmes, Nippes*). Bei Substantiven, die nicht auf eine Schwasilbe, aber im Nominativ auf [s] auslauten, ist *-es* obligatorisch (s. (4)). Bei allen anderen sind in der Regel sowohl *-s* als auch *-es* möglich (s. (5)).

(3)   *s*: Letzte Silbe = Schwasilbe oder Auslaut auf Vollvokal
      Balken-s, Eimer-s, Esel-s, Atem-s, Abend-s, Gerede-s, Auto-s, Uhu-s
(4)   *es*: Letzte Silbe ≠ Schwasilbe, Auslaut = [s]:
      Kreis-es, Fass-es, Fuß-es, Kreuz-es, Witz-es, Fuchs-es, Fax-es
(5)   *s* **oder** *es*: Letzte Silbe ≠ Schwasilbe, Auslaut ≠ [s]:
      Bild-(e)s, Tag-(e)s, Stift-(e)s, Bau-(e)s, Schuh-(e)s, Vortrag-(e)s

Der Dativ all dieser Nicht-Feminina kann fakultativ mit dem Dativ-suffix *-e* markiert werden, sofern das Substantiv nicht auf eine Schwasilbe oder Auf Vollvokal endet (*dem Tage, Kreuze*; nicht *dem *Balkene, *Autoe*). Formen mit diesem Dativ-*e* sind jedoch veraltet, weshalb das Dativ-*e* im Folgenden nicht weiter berücksichtigt wird. Der Akkusativ stimmt immer mit der Nominativform überein.

Den Nicht-Feminina des zweiten Typs gehören ausschließlich Maskulina an. Sie bilden den Genitiv auf *-en* (silbenbildend nach betonbaren Silben; *des Mensch-en*) bzw. *-n* (nicht-silbenbildend nach nicht-betonbaren Schwasilben; *des Affe-n*). Die Substantive dieses Typs haben das Kasusflexiv *-(e)n* zugleich auch im Akkusa-tiv und im Dativ Singular (*der Mensch, den/dem/des Menschen*). Eine kleine Gruppe von Substantiven dieses Typs bildet den Geni-tiv jedoch auf *-ns* (*der Name, den/dem Namen, des Namens*; dazu weiter 4.4).

Eigennamen bilden, unabhängig vom Genus, den Genitiv Singu-lar nur auf *-s*, nicht auf *-es* (*Christofs, Peters, Annas, Renates*).

Im Plural kommt nur ein einziges Kasusflexiv vor, nämlich das Dativ-*n*. Es kann nur unsilbisch realisiert werden. Das bedeutet, dass der Dativ markiert wird, wenn der Plural das Suffix *-e* (*den Berg-e-n, Händ-e-n*) oder *-er* (*den Kind-er-n*) aufweist oder wenn die Pluralform endungslos ist und nicht auf *n* auslautet (*den Ei-mer-n, Esel-n*). In allen anderen Fällen, d.h., wenn die Pluralform auf *n* oder *s* endet, wird der Dativ Plural nicht markiert (*den Gärten, Frau-en, Auto-s*).

4.3   Deklinationsklassen

Pluralbildung und Kasusformen im Singular sind nicht unabhängig voneinander. So bilden alle Nicht-Feminina, die den Genitiv Singu-lar auf *-(e)n* bilden, auch den Plural auf *-(e)n* (*des Menschen – die Menschen*). (*e*)-Plural und *er*-Plural implizieren, dass der Genitiv Singular mit *-(e)s* gebildet wird (*die Berge – des Berges; die Män-ner – des Mannes*). Der *s*-Plural impliziert bei den Nicht-Feminina, dass der Genitiv Singular mit *-s* gebildet wird (*die Autos – des Au-tos*).

Unter Berücksichtigung solcher Zusammenhänge ergeben sich die folgenden fünf **Deklinationsklassen**.

1. Nicht-Feminina, stark
Gemeinsames Merkmal dieser Deklinationsklasse ist, dass der Genitiv Singular mit dem Suffix -*(e)s* gebildet wird und der Plural mit den Pluralsuffixen -*(e)* oder -*er*.

(6)

	a. Sg	Pl	Sg	Pl	b. Sg	Pl
Nom	*Berg*	*Berg-e*	*Segel*	*Segel*	*Mann*	*Männ-er*
Akk	*Berg*	*Berg-e*	*Segel*	*Segel*	*Mann*	*Männ-er*
Dat	*Berg-(e)*	*Berg-en*	*Segel*	*Segel-n*	*Mann-(e)*	*Männ-er-n*
Gen	*Berg-(e)s*	*Berg-e*	*Segel-s*	*Segel*	*Mann-(e)s*	*Männ-er*

2. Nicht-Feminina, gemischt
Die Substantive dieser Klasse bilden den Genitiv Singular wie bei der starken Deklination mit dem Suffix -*(e)s*, der Plural hingegen wird mit -*(e)n* wie bei den schwachen Maskulina gebildet.

(7)

	Sg	Pl	Sg	Pl
Nom	*Staat*	*Staat-en*	*Auge*	*Auge-n*
Akk	*Staat*	*Staat-en*	*Auge*	*Auge-n*
Dat	*Staat-(e)*	*Staat-en*	*Auge*	*Auge-n*
Gen	*Staat-(e)s*	*Staat-en*	*Auge-s*	*Auge-n*

3. Nicht-Feminina mit *s*-Plural
Die Substantive dieser Klasse haben kein -*e* im Dativ Singular und der Genitiv Singular wird nur mit -*s* (nicht mit -*es*) gebildet. Der Plural hat das Suffix -*s*.

(8)

	Sg	Pl	Sg	Pl
Nom	*Uhu*	*Uhu-s*	*Auto*	*Auto-s*
Akk	*Uhu*	*Uhu-s*	*Auto*	*Auto-s*
Dat	*Uhu*	*Uhu-s*	*Auto*	*Auto-s*
Gen	*Uhu-s*	*Uhu-s*	*Auto-s*	*Auto-s*

4. Maskulina, schwach
Das gemeinsame Merkmal dieser Klasse ist, dass mit Ausnahme des Nominativ Singular alle Formen das Suffix -*(e)n* aufweisen. Der schwachen Deklinationsklasse gehören ausschließlich Maskulina an. Mit wenigen Ausnahmen kommen in dieser Klasse nur Substantive vor, die Lebewesen bezeichnen.

(9)

	Sg	Pl	Sg	Pl
Nom	*Mensch*	*Mensch-en*	*Affe*	*Affe-n*
Akk	*Mensch-en*	*Mensch-en*	*Affe-n*	*Affe-n*
Dat	*Mensch-en*	*Mensch-en*	*Affe-n*	*Affe-n*
Gen	*Mensch-en*	*Mensch-en*	*Affe-n*	*Affe-n*

5. Feminina

Alle Feminina gehören in die 5. Deklinationsklasse. Gemeinsames Merkmal dieser Deklinationsklasse ist, dass der Singular endungslos ist. Als Pluralsuffixe kommen *-(e)n*, *¨-(e)* und *-s* vor.

(10)

	a. Sg	Pl	b. Sg	Pl	c. Sg	Pl
Nom	*Frau*	*Frau-en*	*Hand*	*Händ-e*	*Kamera*	*Kamera-s*
Akk	*Frau*	*Frau-en*	*Hand*	*Händ-e*	*Kamera*	*Kamera-s*
Dat	*Frau*	*Frau-en*	*Hand*	*Händ-en*	*Kamera*	*Kamera-s*
Gen	*Frau*	*Frau-en*	*Hand*	*Händ-e*	*Kamera*	*Kamera-s*

4.4 Wechsel der Deklinationsklasse

Vom Deklinationsklassenwechsel sind fast ausschließlich die schwachen Maskulina betroffen, die Übergangstendenzen zur gemischten oder zur starken Deklination zeigen.

Alle schwachen Maskulina, die auf Schwa auslauten und zugleich das Merkmal [–belebt] haben, bilden den Genitiv Singular nicht auf *-n*, sondern auf *-ns*, d.h., sie übernehmen zusätzlich ein Merkmal der starken Nicht-Feminina. Es handelt sich dabei um die folgenden 12 Wörter:

(11) Buchstabe, Friede, Funke, Gedanke, Gefalle, Glaube, Haufe, Hode, Name, Same, Schade, Wille

Die meisten dieser Substantive haben im Gegenwartsdeutschen neben der Nominativ-Singular-Form in (11) inzwischen auch eine Form auf *n*, z.B. *Funke/Funken*.

(12)

	a. Sg	Pl	b. Sg	Pl
Nom	*Funke*	*Funke-n*	*Funken*	*Funken*
Akk	*Funke-n*	*Funke-n*	*Funken*	*Funken*
Dat	*Funke-n*	*Funke-n*	*Funken*	*Funken*
Gen	*Funke-ns*	*Funke-n*	*Funken-s*	*Funken*

Dabei gilt für die Substantive in (13) die Form ohne *n* bereits als veraltet:

(13) Frieden, Gefallen, Haufen, Samen, Schaden

Bei den Substantiven in (14) kommen noch beide Formen gleichermaßen vor:

(14) Funke/Funken, Glaube/Glauben, Hode/Hoden

Lediglich bei den Substantiven in (15) wird die Form ohne *n* heute noch bevorzugt:

(15) Buchstabe, Gedanke, Name, Wille

Durch das Anfügen von *n* an den Nominativ Singular treten die Substantive in (13) und (14) von der schwachen in die starke Deklinationsklasse über – *Frieden* wird nicht anders dekliniert als *Wagen*. Insgesamt gibt es also eine starke Tendenz, die auf Schwa endenden Maskulina aufgrund des abweichenden Merkmals [–belebt] aus der Klasse der schwachen Maskulina auszuschließen.

Auch bei einer Anzahl anderer, standardsprachlich schwach flektierender Maskulina sind Übergangstendenzen zur gemischten oder zur starken Deklination zu beobachten. Dabei können drei Stufen unterschieden werden.

Stufe 1: Akkusativ und Dativ Singular werden ohne das Suffix *-en* gebildet. Im Genitiv Singular und im Plural bleibt *-en* erhalten. Dies gilt etwa für die folgenden einsilbigen Maskulina:

(16) Fürst, Gnom, Graf, Held, Hirt, Mensch, Prinz, Tor, Zar

Auch einige Substantive, die keine Personen bezeichnen, gehören zu dieser Gruppe:

(17) Brillant, Exponent, Hydrant, Obelisk

Die Substantive dieser Gruppe werden also sowohl noch schwach wie in (18a) als auch schon gemäß (18b) dekliniert.

(18) a.

	Sg	Pl	b.	Sg	Pl
Nom	*Mensch*	*Mensch-en*		*Mensch*	*Mensch-en*
Akk	*Mensch-en*	*Mensch-en*		*Mensch*	*Mensch-en*
Dat	*Mensch-en*	*Mensch-en*		*Mensch*	*Mensch-en*
Gen	*Mensch-en*	*Mensch-en*		*Mensch-en*	*Mensch-en*

Stufe 2: Im Genitiv Singular wird zusätzlich das Suffix *-en* durch das Suffix *-s* der starken Deklination ersetzt. Dies gilt etwa für die folgenden Maskulina:

(19) Ahn, Automat, Bär, Bauer, Fink, Geck, Komet, Mohr, Nachbar, Narr, Planet, Spatz, Untertan, Vorfahr

Die Substantive dieser Gruppe werden also sowohl noch schwach wie in (20a) als auch schon gemischt gemäß (20b) dekliniert.

(20) a.

	Sg	Pl	b.	Sg	Pl
Nom	*Bär*	*Bär-en*		*Bär*	*Bär-en*
Akk	*Bär(-en)*	*Bär-en*		*Bär*	*Bär-en*
Dat	*Bär(-en)*	*Bär-en*		*Bär*	*Bär-en*
Gen	*Bär-en*	*Bär-en*		*Bär-s*	*Bär-en*

Das Flexionsmuster in (20b) ist das der gemischten Deklinationsklasse, die Substantive in (19) vollziehen also einen Deklinationsklassenwechsel von der Klasse der schwachen Maskulina in die gemischte Deklinationsklasse.

Stufe 3: Noch weiter ist die Entwicklung bei den Substantiven in (21) gegangen. Hier findet man neben der schwachen Deklination auch die starke Deklination, d.h., hier kommt auch der *e*-Plural vor.

(21) Diakon, Greif, Magnet, Oberst, Papagei, Thermostat, Tribun

Die Substantive in (21) werden also sowohl noch schwach bzw. gemischt wie in (22a) als auch schon stark wie in (22b) dekliniert.

(22)	a.	Sg	Pl	b.	Sg	Pl
	Nom	*Magnet*	*Magnet-en*		*Magnet*	*Magnet-e*
	Akk	*Magnet(-en)*	*Magnet-en*		*Magnet*	*Magnet-e*
	Dat	*Magnet(-en)*	*Magnet-en*		*Magnet*	*Magnet-en*
	Gen	*Magnet-en/-s*	*Magnet-en*		*Magnet-s*	*Magnet-e*

Neben dem Übertritt von der Klasse der schwachen Maskulina in die der gemischten oder der starken Deklinationsklasse kommen vereinzelt auch Übergänge von der gemischten in die schwache Deklinationsklasse vor. Dies betrifft vor allem Substantiv auf *-or*, die im Singular auf der ersten, im Plural auf der letzten Silbe des Stammes betont werden, wie die folgenden:

(23) Autor, Junior, Juror, Lektor, Mentor, Pastor, Senior, Tutor

Die schwache Flexion der Substantive in (23) gilt jedoch als nicht normgerecht.

4.5 Unterspezifizierte Paradigmen

In (24) sind die Paradigmen von lateinisch *domina*, neuhochdeutsch *Frau* und niederländisch *vrouw* einander gegenübergestellt.

(24)		a. lat. *domina* ‚Herrin'			b. nhd. *Frau*		c. ndl. *vrouw*	
		Sg	Pl		Sg	Pl	Sg	Pl
	Nom	*domina*	*dominae*	Nom	*Frau*	*Frauen*	*vrouw*	*vrouwen*
	Akk	*dominam*	*dominas*	Akk	*Frau*	*Frauen*		
	Dat	*dominae*	*dominis*	Dat	*Frau*	*Frauen*		
	Gen	*dominae*	*dominarum*	Gen	*Frau*	*Frauen*		
	Abl	*domina*	*dominis*					

Vergleichen wir die Paradigmen in (24), so bedürfen die Paradigmen in (24a) und (24c) keiner besonderen Rechtfertigung. In (24a) liegt eindeutig Flexion (im Sinne einer Veränderung des Lexems mittels flexivischer Mittel) vor, die bewirkt, dass (24a) verschiedene Wortformen enthält. Es gibt zwar **Homonymien**, d.h. Wortformen, die hinsichtlich Aussprache und Orthographie bei gleicher Ausdrucksform unterschiedliche Bedeutung haben (die Form *dominae* kommt dreimal, die Form *dominis* zweimal vor), aber es liegen eindeutig sowohl verschiedene Kasus- als auch verschiedene Numerusformen vor. Während die Wortformen des Paradigmas in (24a) hinsichtlich zweier Merkmalklassen (Numerus und Kasus) kategorisiert sind, sind die Formen des Paradigmas in (24c) nur hinsichtlich einer Merkmalklasse kategorisiert, nämlich Numerus – eine Merkmalklasse Kasus gibt es für das Substantiv im Niederländischen nicht. Homonymien enthält das Paradigma in (24c) nicht, alle vorhandenen Formen des Paradigmas sind formal unterschieden.

Ganz anders nun das Paradigma in (24b). Behauptet wird hier Flexion (d.h. Formveränderung) hinsichtlich derselben Merkmalklassen wie in (24a), doch liegen faktisch nur zwei verschiedene Wortformen vor, die sich hinsichtlich derselben Merkmalklasse unterscheiden wie die beiden Wortformen in (24c), nämlich hinsichtlich Numerus. Dass das Paradigma von *Frau* dennoch acht und nicht, wie *vrouw*, zwei Positionen aufweisen soll, bedarf einer Rechtfertigung.

Eine erste Begründung für (24b) ist die Tatsache, dass das Substantiv im Deutschen in der Regel mit einem Artikel oder Artikelpronomen auftritt, und diese weisen deutlich mehr verschiedene Kasusformen auf als Substantive. Bei den Feminina sind das zwar nur zwei (beim bestimmten Artikel *die* und *der*), aber bei den Maskulina vier. Die Argumentation wäre also, dass *Mann* in *der Mann* Nominativ ist, weil *der* Nominativ ist, *Mann* in *den Mann* Akkusativ, weil *den* Akkusativ ist usw. Dies ist allerdings eine rein syntaktische, keine morphologische Begründung.

Aber auch wenn man die Artikel und Pronomina nicht berücksichtigt, ist ein Paradigma wie (24b) dann unausweichlich, wenn alle Substantive, unabhängig von Genus und Deklinationsklasse, dieselbe Anzahl von Merkmalen haben sollen. Da jeweils in mindestens einer Deklinationsklasse der Nominativ, der Dativ oder der Genitiv formal verschieden von den anderen Kasus sind, müssen für ein einheitliches Substantivparadigma die vier Kasus in (24b) angenommen werden.

Dennoch kann ein Paradigma wie (24b) aus morphologischer Sicht nicht befriedigen – es bleibt ja dabei, dass es hier nur zwei verschiedene Formen gibt. Eine Alternative zu Paradigmen wie (24b) wäre also ein Paradigma wie (24c), das nur solche Kasus aufweist, die formal verschieden sind.

Dies ist beim Ansetzen so genannter **unterspezifizierter Paradigmen** der Fall: Nur wo Formunterschiede bestehen, werden auch Bedeutungsunterschiede angenommen. Da in den meisten Fällen nur ein Kasus formal markiert ist, kann man in der Regel eine unmarkierte Form von einer für einen bestimmten Kasus markierten Form unterscheiden. So gibt es im Singular in der Regel eine Form mit der Bedeutung Genitiv und eine davon unterschiedene Form, die diese Bedeutung eben nicht hat – die unmarkierte, bezüglich Kasus **unterspezifizierte Form**, die immer dann gewählt wird, wenn die markierte, spezifische Kasusform (der Genitiv) nicht auftritt. Bei einer solchen Analyse sind mindestens fünf verschiedene Paradigmen zu unterscheiden (usp = unterspezifiziert, Obj = Objektkasus):

(25) Unmarkierte Feminina

Sg	Pl		Sg	Pl	
Frau	*Frau-en*		*Kamera*	*Kamera-s*	

(26) Markierte Feminina

	Sg	Pl			Sg	Pl	
	Hand	*Händ-e*	usp		*Mutter*	*Mütter*	usp
		Händ-e-n	Dat			*Mütter-n*	Dat

(27) Nicht-Feminina, gemischt und mit *s*-Plural

	Sg	Pl		Sg	Pl
usp	*Staat*	*Staat-en*	usp.	*Opa*	*Opa-s*
Gen	*Staat-es*		Gen	*Opa-s*	

(28) Nicht-Feminina, stark

	Sg	Pl			Sg	Pl	
usp	*Hund*	*Hund-e*	usp	usp	*Kind*	*Kind-er*	usp
Gen	*Hund-es*	*Hund-e-n*	Dat	Gen	*Kind-es*	*Kind-er-n*	Dat

(29) Maskulina, schwach

	Sg	Pl		Sg	Pl
usp	*Mensch*	*Mensch-en*	usp	*Name*	*Name-n*
Obj	*Mensch-(en)*		Obj	*Name-n*	
Gen	*Mensch-en*		Gen	*Name-ns*	

Nach dieser Analyse sind also die unmarkierten Feminina in (25) kasuslos. Die markierten Feminina in (26) sind im Singular kasuslos, im Plural steht einer unterspezifizierten Form eine Dativform gegenüber. Bei den Nicht-Feminina der gemischten Deklinationsklasse und der *s*-Plural-Klasse in (27) ist der Singular nach unterspezifierter Form und Genitiv unterschieden, während der Plural kasuslos ist. Allein bei den starken Nicht-Feminina in (28) gibt es sowohl im Singular als auch im Plural je einen von der unterspezifizierten Form unterschiedenen Kasus. Darüber hinaus sind lediglich bei den schwachen Maskulina in (29) im Singular drei Formen zu unterscheiden. „Obj" – für Objektkasus – steht für den Kasus, der anstelle eines Akkusativ oder Dativ gewählt wird. Von diesem ist der Genitiv (trotz partieller Homonymie) zu unterscheiden, da das Objektkasus-Suffix unter bestimmten Bedingungen weglassbar ist, nicht jedoch das Genitivsuffix.

Insgesamt gibt es im Gegenwartsdeutschen also nur noch drei verschiedene Kasusmarkierungen, die sich entsprechend (30) auf fünf Paradigmen verteilen (Thieroff 2006).

(30) Merkmale der fünf Paradigmen

	FEM unmarkiert	FEM markiert	N-Fem gemischt, s-Pl	N-FEM stark	MASK schwach
GenSg	–	–	+	+	+
ObjSg	–	–	–	–	+
DatPl	–	+	–	+	–

4.6 Zusammenfassung

Das Substantiv hat eines der drei Genera Maskulinum, Neutrum, Femininum und es flektiert hinsichtlich der beiden Merkmalklassen Numerus und Kasus. Entscheidend für die Flexion ist das Genus des Substantivs. Pluralbildung und Kasusflexion können zunächst getrennt analysiert werden, die gemeinsame Betrachtung führt zu den unterschiedlichen Deklinationsklassen.

- Maskulinum und Neutrum können zu dem „Super-Genus" der Nicht-Feminina zusammengefasst werden.
- Die unmarkierte Pluralbildung der Nicht-Feminina erfolgt mit dem Suffix -(e) ohne Umlaut, d.h. -e, wenn das Substantiv auf eine betonbare Silbe endet, kein Suffix, wenn das Substantiv auf eine Schwasilbe endet.
- Die unmarkierte Pluralbildung der Feminina erfolgt mit dem Suffix -(e)n, d.h. -en, wenn das Substantiv auf eine betonbare Silbe endet, -n, wenn das Substantiv auf eine Schwasilbe endet.
- Markierte Substantive bilden den Plural auf -s.
- Die markierten Pluralbildungen der Nicht-Feminina sind -(e) mit Umlaut, -er und -(e)n, die markierte Pluralbildung der Feminina ist -e (mit Umlaut).
- Die Kasussuffixe sind -(e)s für den Genitiv Singular, -(e)n für Akkusativ, Dativ, Genitiv Singular und -n für den Dativ Plural sowie das veraltete -e für den Dativ Singular.
- Nach der hier vorgestellten Analyse gibt es fünf Deklinationsklassen: Feminina, Nicht-Feminina stark, Nicht-Feminina gemischt, Nicht-Feminina mit s-Plural und Maskulina schwach.

Aufgabe 20: Geben Sie an, ob die Pluralbildung der folgenden Substantive unmarkiert oder markiert ist: *Ader, Auge, Brust, Adler, Affe, Alge, Bär, Arbeiter, Apfel, Brett.*

Aufgabe 21: Als Pluralform von *Pizza* kommt sowohl *Pizzen* als auch *Pizzas* vor. Nach welchen Regeln sind diese beiden Formen gebildet? Ist es möglich anzugeben, welche Form richtig ist? Gelegentlich begegnet auch noch die Pluralform *Pizze*. Nach welchem Prinzip ist diese Form gebildet? Wie ist sie gegenüber *Pizzen* und *Pizzas* zu beurteilen?

Aufgabe 22: In Wörterbucheinträgen wird für jedes Substantiv angegeben, wie der Plural gebildet wird. Überlegen Sie, ob dies wirklich für jedes Substantiv erforderlich ist. Wenn nicht, bei welchen Substantiven wäre eine solche Angabe entbehrlich?

Aufgabe 23: Vereinzelt gibt es Substantive, die fast gleich klingen, sich jedoch dadurch unterscheiden, dass das eine stark, das andere schwach flektiert wird. Dazu gehören: *der Drachen, des Drachens* vs. *der Drache, des Drachen*; *der Rappen, des Rappens* (Schweizer Währung) vs. *der Rappe, des Rappen* (schwarzes Pferd); *der Typ, des Typs* vs. *der Typ, des Typen*. Können Sie einen Grund angeben, warum diese Substantive gerade so und nicht anders flektieren?

Aufgabe 24: a) Die Deklinationsklassen werden nicht immer so wie in 4.3 angesetzt. Manche Autoren kennen keine feminine Deklinationsklasse, sondern schlagen die unmarkierten Feminina der schwachen Deklinationsklasse, die markierten Feminina der starken Deklinationsklasse zu. Überlegen Sie, welche Kriterien für diese Klassifikation ausschlaggebend sind. Was sind demgegenüber die Kriterien für die hier vorgestellte Klassifikation?
b) Besonders uneinheitlich ist die Behandlung der Substantive mit *s*-Plural. Von manchen Autoren werden diese insgesamt (also alle Genera) einer eigenen Deklinationsklasse zugeordnet. Andere Autoren rechnen die Nicht-Feminina mit *s*-Plural zu den starken Nicht-Feminina. Was sind dafür die ausschlaggebenden Kriterien und was sind die Kriterien der hier vorgeschlagenen Klassifikation?

Aufgabe 25: Bei den unterspezifizierten Paradigmen in 4.5 wurde das obsolete Dativ-Singular-*e* außer Acht gelassen. Wie würden die unterspezifizierten Paradigmen unter Berücksichtigung dieses Flexivs aussehen?

Grundbegriffe: Homonymie, Genus, Kasus, Numerus, Deklinationsklasse, Paradigma, unterspezifiziertes Paradigma, unterspezfizierte Form.

Weiterführende Literatur: Zur Pluralbildung: Augst (1979), Wegener (1995); zum Pluralumlaut: Thieroff 2009; zum *s*-Plural: Bornschein/Butt (1987); zu den schwachen Maskulina: Köpcke (1995); zu unterspezifizierten Paradigmen: Thieroff (2006); zur Übersicht: Duden (2009), Eisenberg (2006a).

5. Das Adjektiv

Das typische Adjektiv flektiert hinsichtlich der Merkmalklassen Genus (Merkmale Maskulinum, Neutrum, Femininum), Numerus (Merkmale Singular und Plural) und Kasus (Merkmale Nominativ, Akkusativ, Dativ, Genitiv). Wenn es flektiert werden kann, weist es zusätzlich zwei Deklinationsreihen auf, die starke und die schwache Deklination. Eine weitere Besonderheit des typischen Adjektivs ist, dass es komparierbar (steigerbar) ist. Da jedoch nicht alle Adjektive flektierbar und komparierbar sind, sind die genannten Eigenschaften nicht hinreichend zur Bestimmung der Wortart Adjektiv. Wir befassen uns daher zunächst mit der Frage, wie die Wortart Adjektiv bestimmt werden kann (5.1), besprechen dann die beiden Flexionsreihen (5.2), die in den Paradigmen bestehenden Synkretismen (5.3) und Fälle, in denen das attributiv verwendete Adjektiv nicht flektiert wird (5.4). Es folgen ein Abschnitt über die Komparation (5.5) und über die nicht-komparierbaren Adjektive (5.6).

5.1 Was ist ein Adjektiv?

In Sprachbüchern für die Schule werden die Wortarten in aller Regel semantisch bestimmt, darunter die Adjektive, als „Eigenschaftswörter". In wissenschaftlichen Grammatiken finden sich derartige Definitionen jedoch nur noch selten, denn die Wortarten können grundsätzlich nicht mittels semantischer Kriterien definiert werden. So gilt im Falle des Adjektivs einerseits, dass auch andere Wortarten Eigenschaften bezeichnen können, wie etwa die Substantive *Schönheit* oder *Alter*. Andererseits bezeichnen manche Adjektive keine Eigenschaften, wie z.B. *angeblich* (*der angebliche Gewinner*), *gewiss* (*eine gewisse Dame*) oder *mutmaßlich* (*der mutmaßliche Täter*).

Grundsätzlich können Wortarten nur über morphosyntaktische Kriterien bestimmt werden. Im Falle des Verbs reichen morphologische Kriterien aus, da allein das Verb die Merkmalklassen Tempus, Modus und Genus Verbi aufweist. Auch beim Substantiv ist die Definition einfach, da nur das Substantiv ein festes Genusmerkmal aufweist. Zu fragen ist nun, welches Merkmal ausschließlich beim Adjektiv zu finden ist, d.h., wodurch sich das Adjektiv von allen anderen Wortarten unterscheidet.

Für das typische Adjektiv lassen sich schnell Eigenschaften finden, die wir bei keiner anderen Wortart vorfinden. Das typische Adjektiv ist, wie die Artikel und die Pronomina, flektierbar nach Genus, Numerus und Kasus. Anders als Artikel und Pronomen weist das flektierbare Adjektiv jedoch zwei Flexionsreihen auf: Es wird, je nach syntaktischem Kontext, stark (*Er trank kaltes Wasser*) oder schwach (*Er trank das kalte Wasser*) flektiert. Außerdem kann das typische Adjektiv kompariert werden, d.h., es verfügt über die drei Komparationsstufen Positiv (*kalt*), Komparativ (*kälter*) und Superlativ (*kältest*). Auch diese Eigenschaft finden wir bei keiner anderen Wortart (außer den wenigen komparierbaren Adverbien wie *oft* etc.). Und schließlich kann das typische Adjektiv auf drei verschiedene Weisen verwendet werden: Es kann attributiv, prädikativ und adverbial gebraucht werden.

(1) Verwendungsweisen des Adjektivs
     attributiv: *das kalte Eis/das kalt erscheinende Eis*
     prädikativ: *Das Eis ist kalt.*
     adverbial: *Sie blickte ihn kalt an.*

Die genannten drei Eigenschaften werden häufig als hinreichend für die Definition des Adjektivs angesehen. Hätten wir nur Adjektive wie *kalt*, wäre das in der Tat ausreichend. Es gibt jedoch auch Wörter, die nicht allen oder sogar keinem der genannten Kriterien entsprechen und die trotzdem von allen Grammatiken als Adjektive angesehen werden. Gehen wir die drei Kriterien der Reihe nach durch.

1. Syntaktischer Gebrauch: Nicht alle Adjektive können , so wie *kalt* in (1), in allen Funktionen gebraucht werden. Es gibt Adjektive, die nur attributiv, und solche, die attributiv und adverbial, nicht aber prädikativ verwendet werden können. Nur attributiv verwendbar sind alle Adjektive, die von Adverbien oder Nominalphrasen abgeleitet sind wie *äußere, hintere, linke, hiesig, damalig, heutig, diesjährig* und viele andere. Nur attributiv und adverbial, nicht aber prädikativ, verwendbar sind z.B. die Adjektive *täglich, monatlich, jährlich, ständig, gänzlich, völlig, ungefähr*.

2. Flektierbarkeit: Wie aus (1) zu ersehen ist, wird das Adjektiv nur dann flektiert, wenn es attributiv zu einem Substantiv verwendet wird. Bei prädikativem und adverbialem Gebrauch wird das Adjektiv nicht flektiert, es steht die so genannte Kurzform. Es gibt jedoch Adjektive, die auch bei attributiver Verwendung nicht flektiert werden können. Dazu gehören etwa die Adjektive *prima, klasse* und *super*, standardsprachlich die Farbadjektive *lila* und *rosa* und die Klasse der Herkunftsbezeichnungen auf *-er*.

(2) ein prima Vorschlag, ein klasse Auto, ein super Angebot; die lila Bluse, der rosa Rock; eine Osnabrücker Linguistin, der Berliner Bürgermeister

3. Komparierbarkeit: Die unter 1. genannten nur attributiv bzw. nur attributiv und adverbial verwendbaren Adjektive sowie die unter 2. genannten nicht flektierbaren Adjektive sind i.Allg. zugleich auch nicht komparierbar. Zur Frage, ob es semantisch definierte Gruppen von Adjektiven gibt, die nicht kompariert werden können, s. 5.6.

Als Fazit ergibt sich, dass das Adjektiv weder definiert werden kann als ein Wort, das flektierbar ist (da *prima* und andere nicht flektierbar sind), noch als ein Wort, das komparierbar ist (da *heutig* und andere nicht komparierbar sind), noch als ein Wort, dass zugleich attributiv, prädikativ und adverbial verwendet werden kann (da *heutig* und andere nicht prädikativ und adverbial, *völlig* und andere nicht prädikativ verwendet werden können). Daraus folgt, dass eine Bestimmung der Wortart den ‚kleinsten gemeinsamen Nenner‘ der Adjektive erfassen muss. In Anlehnung an die Definition von Engel (2004: 335) definieren wir das Adjektiv wie folgt:

(3) **Definition der Wortart Adjektiv**
Adjektive sind nicht-genusfeste Wörter, die immer zwischen Artikel oder Artikelpronomen und Substantiv stehen können.

Zu beachten ist, dass gemäß der Definition in (3) nicht nur die Ordinalzahlwörter (*der dritte Mann*), sondern auch Kardinalzahlwörter zu den Adjektiven zählen (*die fünf Freunde*) sowie alle Partizipien in attributiver Verwendung (*der schreibende Kollege, die ausgelesene Zeitung*).

Nicht zu den Adjektiven gemäß der Definition gehören hingegen Wörter wie *quitt* (*Wir sind quitt*), *futsch* (*Das Geld ist futsch*) und andere, die nur prädikativ verwendet werden können. In den meisten Grammatiken werden diese Wörter als „nur prädikativ verwendbare Adjektive" bezeichnet. Engel (2004: 336) weist ihnen eine eigene Wortart „Kopulapartikel" zu, ebenso Zifonun et al. (1997), die eine Wortart „Adkopula" ansetzen. Eine andere Möglichkeit wäre, sie zu den Adverbien zu rechnen, von denen einige ebenfalls mit dem Kopulaverb *sein* stehen können (*Die Sitzung ist hier/dort/jetzt/gleich/heute/morgen*).

5.2 Starke und schwache Flexion

Wie Artikel und Pronomina, so flektieren auch typische Adjektive nach Genus, Numerus und Kasus. Zusätzlich gibt es jedoch beim Adjektiv eine **starke** und eine **schwache** Flexionsreihe. In (4) sind die beiden Flexionsreihen einander gegenübergestellt.

(4) Starke Flexion

	Mask	Neut	Fem	Plural
N	*guter Wein*	*gutes Bier*	*gute Milch*	*gute Drinks*
A	*guten Wein*	*gutes Bier*	*gute Milch*	*gute Drinks*
D	*gutem Wein*	*gutem Bier*	*guter Milch*	*guten Drinks*
G	*guten Wein(e)s*	*guten Bier(e)s*	*guter Milch*	*guter Drinks*

Schwache Flexion

	Mask	Neut	Fem	Plural
N	*der gute W.*	*das gute B.*	*die gute M.*	*die guten D.*
A	*den guten W.*	*das gute B.*	*die gute M.*	*die guten D.*
D	*dem guten W.*	*dem guten B.*	*der guten M.*	*den guten D.*
G	*des guten W.*	*des guten B.*	*der guten M.*	*der guten D.*

In den meisten Grammatiken des Deutschen wird bis heute zusätzlich eine dritte, so genannte „gemischte" Flexion des Adjektivs angenommen. Nach diesen Grammatiken flektiert das Adjektiv nach *ein*, *kein* und *mein* gemischt, wie in (5).

(5) So genannte „gemischte" Flexion

	Mask	Neut	Fem	Plural
N	*kein guter W.*	*kein gutes B.*	*keine gute M.*	*keine guten D.*
A	*keinen guten W.*	*kein gutes B.*	*keine gute M.*	*keine guten D.*
D	*keinem guten W.*	*keinem guten B.*	*keiner guten M.*	*keinen guten D.*
G	*keines guten W.*	*keines guten B.*	*keiner guten M.*	*keiner guten D.*

Die Annahme einer „gemischten" Flexionsreihe verkennt, dass es eine sehr einfache (syntaktische) Regel gibt, die festlegt, ob das Adjektiv stark oder schwach flektiert.

(6) **Regel zur starken und schwachen Adjektivflexion**
Das Adjektiv wird genau dann stark flektiert, wenn ihm kein Artikel oder Artikelpronomen mit Flexionsendung vorausgeht; sonst wird es schwach flektiert.

(7) a. **schwach**: Artikel/Artikelpronomen mit Flexionsendung
dies**er** alte Mann; jen**es** kleine Kind; jed**e** kluge Frau; welch**er** seltene Schatz; mit ein**em** groß**en** Koffer
b. **stark**: kein Artikel/Artikelpronomen mit Flexionsendung
ein alt**er** Mann; mein kleines Kind; Peters kluge Frau; welch selten**er** Schatz; mit groß**em** Gepäck

Die starke Flexion des Adjektivs wird auch pronominale Flexion genannt, da sie mit der Flexion von Pronomina wie *dieser* fast identisch ist (mit Ausnahme des Genitivs im Maskulinum und Neutrum, der z.B. *dieses Wein(e)s/Bier(e)s* lautet). Die Beispiele in (7) zeigen, dass die Flexion der dem Substantiv vorangehenden Wörter so geregelt ist, dass die pronominalen Endungen nur einmal auftreten. Eine Ausnahme von dieser Regel bildet lediglich die Abfolge mehrerer Adjektive. Hier gilt nämlich die Regel, dass sie stets gleich flektieren, wie (8) und (9) zeigen.

(8)   dieser nette, freundliche alte Mann
(9)   ein netter, freundlicher alter Mann

Allerdings besteht bei Maskulina und Neutra im Dativ Singular die Tendenz, bei Adjektivreihungen nur das erste Adjektiv stark, nachfolgende Adjektive jedoch schwach zu flektieren, wie in (10):

(10) mit starkem schwarzen Kaffee

5.3 Synkretismusfelder

Die Paradigmen werden in den meisten Grammatiken des Deutschen anders geordnet als in (4) in 5.2. Die Genera erscheinen meist in der Reihenfolge Maskulinum—Femininum—Neutrum, die Kasus erscheinen in der Reihenfolge Nominativ—Genitiv—Dativ—Akkusativ.

Der Grund für die in diesem Buch gewählte Reihenfolge Maskulinum—Neutrum—Femininum ist ein formaler: Wie wir gesehen haben, können Maskulinum und Neutrum zu einem „Super-Genus" Nicht-Femininum zusammengefasst werden, da Substantive beider Genera denselben Deklinationsklassen angehören. Lediglich die schwache Deklinationsklasse enthält ausschließlich Maskulina. Dagegen bilden die Feminina eine eigene Deklinationsklasse, die von den Nicht-Feminina durch die Nicht-Markierung des Genitiv Singular unterschieden ist.

Für die Anordnung der Kasus in der Reihenfolge Nominativ—Akkusativ—Dativ—Genitiv gibt es ebenfalls einen formalen Grund: Beim Substantiv ist die Akkusativform immer gleich der Nominativform – einzige Ausnahme ist der Singular der schwachen Maskulina. Der Akkusativ ist also dem Nominativ formal am ähnlichsten. Auch die Dativform unterscheidet sich meist nicht von der Nominativform, aber es gibt doch mehr Fälle, in denen der Dativ markiert ist, wie z.B. häufig im Plural. Der Genitiv schließlich ist erstens am häufigsten (nämlich bei allen Nicht-Feminina) und zweitens am stärksten (nämlich durch -s) markiert.

Neben diesem formalen Grund gibt es auch einen funktionalen Grund für die genannte Reihenfolge. Zunächst einmal sind Nominativ, Akkusativ und Dativ die verbalen Kasus insofern, als sie vom Verb regiert werden (Subjekt, Akkusativobjekt, Dativobjekt), während der Genitiv der nominale Kasus ist: Er kommt im heutigen

Deutsch überwiegend als Attributskasus (Genitivattribut) vor, das Genitivobjekt ist äußerst selten. Innerhalb der verbalen Kasus ist das Akkusativobjekt dem Subjekt am ähnlichsten: Wie das Subjekt, so kann auch das Akkusativobjekt durch einen *dass*-Satz repräsentiert sein, nicht aber das Dativobjekt. Darüber hinaus besteht ein enger funktionaler Zusammenhang zwischen Subjekt und Akkusativobjekt insofern, als das Akkusativobjekt von Aktivsätzen dem Subjekt des zugehörigen *werden*-Passivsatzes entspricht, also der Akkusativ dem Nominativ (vgl. 3.9).

Im folgenden werden wir sehen, dass die erörterten Formzusammenhänge sich auch bei den Paradigmen von Adjektiv, Artikel und Pronomen immer wieder bestätigen, wobei insbesondere der Formzusammenfall von Nominativ und Akkusativ symptomatisch ist.

Wenn zwei oder mehr Kasusfunktionen in einer Kasusform zusammengefallen sind, spricht man traditionell von **Synkretismen**. Wir haben das Problem bereits bei den Substantiven kennengelernt, wo wir festgestellt haben, dass das achtgliedrige Paradigma von *Frau* faktisch nur zwei verschiedene Formen aufweist.

Für die starken Formen des Adjektivs können so genannte **Synkretismusfelder** wie in (11) angegeben werden.

(11) Synkretismusfelder bei der starken Adjektivflexion

	Mask	Neut	Fem	Plural
Nom	*guter*	*gutes*	*gute*	*gute*
Akk	*guten*	*gutes*	*gute*	*gute*
Dat	*gutem*	*gutem*	*guter*	*guten*
Gen	*guten*	*guten*	*guter*	*guter*

Wie schon beim Substantiv, so zeigt sich auch hier, dass es Formübereinstimmungen zwischen Maskulinum und Neutrum gibt, nicht aber zwischen diesen Genera und dem Femininum. Allerdings sind die Übereinstimmungen weniger stark ausgeprägt als beim Substantiv: Dativ und Genitiv stimmen überein, Nominativ- und Akkusativform sind dagegen unterschiedlich. Bei den Kasus fällt auf, dass Nominativ und Akkusativ in drei von vier Fällen formgleich sind, lediglich im Maskulinum werden diese beiden Kasus formal unterschieden. Umgekehrt werden Dativ und Genitiv in drei von vier Fällen formal unterschieden, nur im Femininum sind Dativ und Genitiv formgleich.

Auffällig ist schließlich auch die weitgehende formale Übereinstimmung von Femininum und Plural. Dass hier keine größeren Synkretismusfelder angesetzt werden, ist damit zu begründen, dass der Unterschied zwischen Femininum Singular und Plural in der komplexen Nominalphrase aus Adjektiv und Substantiv regelmäßig aufgelöst wird (*gute Suppe* vs. *gute Suppen*), während die hier markierten Synkretismusfelder auch in der Nominalphrase aus Adjektiv und Substantiv bestehen bleiben (*gute Suppe* kann Nominativ oder Akkusativ sein, *guter Suppe* Dativ oder Genitiv).

Sehr viel größere Synkretismusfelder ergeben sich bei der schwachen Flexion des Adjektivs, wo ja nur zwei verschiedene Formen auftreten, eine auf *-e* und eine auf *-en*. Analog zu (11) ergeben sich die Synkretismusfelder in (12).

(12) Synkretismusfelder bei der schwachen Adjektivflexion

	Mask	Neut	Fem	Plural
Nom	gute	gute	gute	guten
Akk	guten	gute	gute	guten
Dat	guten	guten	guten	guten
Gen	guten	guten	guten	guten

Wie wir sehen, gibt es im Plural gar keine Kasusunterschiede, im Singular wird durchgehend nicht zwischen Dativ und Genitiv unterschieden und, mit Ausnahme des Maskulinums, auch nicht zwischen Nominativ und Akkusativ. Eisenberg (2006a: 180) fasst Nominativ und Akkusativ zu einem Kasus mit der Bezeichnung „Direkt", und Dativ und Genitiv zu einem Kasus mit der Bezeichnung „Obliquus" zusammen und gelangt, unter Absehung von der Maskulin-Akkusativ-Form, zu einem Paradigma ähnlich dem in (13).

(13) Schwache Adjektivflexion; unterspezifiziertes Paradigma nach Eisenberg

	Sg	Pl	
Direkt	*-e*	*-en*	usp
Obliquus	*-en*		

Eisenberg (2006a: 180) stellt fest, „dass *e* genau dort steht, wo die starke Flexion konsequent nach dem Genus differenziert", was nur im Nominativ und Akkusativ der Fall ist. Darüber hinaus stellt bei der Kombination von Demonstrativum und substantiviertem Adjektiv das Suffix *-e* in allen Fällen die funktionale Differenzierung homonymer Formen sicher, wie (14) zeigt.

(14) Demonstrativum + substantiviertes Adjektiv

	Mask	Neut	Fem	Plural
Nom	dies-er Alt-e	dies-es Alt-e	dies-e Alt-e	dies-e Alt-en
Akk	dies-en Alt-en	dies-es Alt-e	dies-e Alt-e	dies-e Alt-en
Dat	dies-em Alt-en	dies-em Alt-en	dies-er Alt-en	dies-en Alt-en
Gen	dies-es Alt-en	dies-es Alt-en	dies-er Alt-en	dies-er Alt-en

Aus (14) ergibt sich, dass jedes einzelne *-e* eine Funktion hat: Durch *-e* wird Maskulinum Nominativ (*dieser Alte*) von Femininum Dativ/Genitiv und Plural Genitiv (*dieser Alten*) unterschieden; es wird Neutrum Nominativ/Akkusativ (*dieses Alte*) von Maskulinum/Neutrum Genitiv (*dieses Alten*) unterschieden, und es wird Femininum Nominativ/Akkusativ (*diese Alte*) von Plural Nominativ/Akkusativ (*diese Alten*) unterschieden. Auf diese Weise stehen den insgesamt fünf Formen des Demonstrativums (*diese, dieser, diesen, diesem, dieses*) insgesamt acht formal verschiedene Kombinationen bei der Folge Demonstrativum + substantiviertes Adjektiv gegenüber: die fünf Formen des Demonstrativums kombiniert mit der Adjektivform auf *-en* und zusätzlich *diese, dieser* und *dieses* kombiniert mit der Adjektivform auf *-e* (vgl. auch Wiese 2000: 142f).

5.4 Nicht flektierte attributiv gebrauchte Adjektive

In 5.1 wurde bereits festgestellt, dass es bestimmte Adjektive gibt, die nicht flektiert werden können. Neben Adjektiven wie *klasse, prima, super* werden hier immer wieder Farbadjektive fremder Herkunft wie *rosa, lila, pink, beige, orange* und andere genannt. Während es als standardsprachlich nicht korrekt gilt, diese zu flektieren, kommen im Gesprochenen durchaus flektierte Formen vor:

(15) das rosane Haus, die lilane Blume, ein pinkes Hemd, die orangene Revolution

Die Beispiele zeigen, dass der Systemzwang zur Deklination des attributiv gebrauchten Adjektivs sehr stark ist. Die einzige Klasse von in keinem Fall flektierbaren Adjektiven bilden die Herkunftsbezeichnungen auf *-er* vom Typ *Frankfurter* wie in *das Frankfurter Würstchen*. Dies dürfte darauf zurückzuführen sein, dass das Suffix *-er* ein substantivisches Wortbildungssuffix ist – das Substantiv *Frankfurter* wird durch Konversion zu dem Adjektiv *Frankfurter* (Fuhrhop 2003: 95). Zusätzlich weichen diese Adjektive noch durch die (systemseitig eigentlich falsche) Großschreibung vom normalen Adjektiv ab.

Trotz des starken Systemzwangs, das attributiv gebrauchte Adjektiv zu flektieren, hat sich in einigen formelhaften Wendungen die in älterem Sprachgebrauch mögliche unflektierte Form des attributiven Adjektivs bei Neutra erhalten:

(16) ruhig Blut, unser täglich Brot, auf gut Glück, lieb Kind, ein gerüttelt Maß, ein gut Teil; kalt und warm Wasser; Gut Ding will Weile haben

Zu nennen ist darüber hinaus der unflektierte Gebrauch der Adjektive *ganz* und *halb* bei geographischen Eigennamen:

(17) Ganz Paris träumt von der Liebe; Halb Dänemark ist gegen den Plan

Während dem Substantiv vorangestellte adjektivische Attribute, von den genannten Ausnahmen abgesehen, immer flektiert werden, werden dem Substantiv nachgestellte adjektivische Attribute nie flektiert. Dies gilt sowohl für den in der Gegenwartssprache nicht mehr möglichen Gebrauch wie in (18) als auch für den Gebrauch bei Produktbezeichnungen wie in (19).

(18) Hänschen klein, Röslein rot
(19) Henkell trocken, Schauma mild

Ebenfalls nachgestellt und somit nicht flektiert ist das Adjektiv in:

(20) Forelle blau, Whisky pur

Anders als in (18) sind die Ausdrücke in (20) nicht gleichbedeutend mit den entsprechenden Ausdrücken mit vorangestelltem Adjektiv: Eine Forelle blau ist keine blaue Forelle, ein Whisky pur nicht notwendig purer Whisky. Die Konstruktion mit nicht flektiertem Adjektiv erfreut sich zunehmender Beliebtheit in der Sprache der Werbung und der Massenmedien. Ausdrücke wie die folgenden scheinen zuzunehmen:

(21) Sonne pur, Urlaub total, Fußball brutal

Zu Funktion und Bedeutung von Ausdrücken wie in (21) vgl. Dürscheid (2002: 67-70).

5.5 Komparation

Als einzige Wortart weist die Wortart Adjektiv die Merkmalklasse **Komparation** mit den Merkmalen **Positiv** (*schön*), **Komparativ** (*schöner*) und **Superlativ** (*schönst*) auf.

Der Komparativ wird gebildet, indem an die unflektierte Form des Positivs die Endung *-er* bzw., bei den wenigen auf *-e* endenden Adjektiven (*müde – müde-r*), *-r* angehängt wird. Der Superlativ wird durch Anfügen von *-st* oder *-est* an die unflektierte Form des Positivs gebildet.

Die meisten Adjektive lauten in Komparativ und Superlativ nicht um. Nur bei den folgenden einsilbigen Adjektiven mit umlautfähigem Vokal werden Komparativ und Superlativ mit Umlaut gebildet (z.B. *alt – älter – ältest*).

(22) alt, arg, arm, dumm, grob, groß, hart, hoch, jung, kalt, klug, krank, kurz, lang, nah(e), scharf, schwach, schwarz, stark, warm

Bei den folgenden Adjektiven kommen Komparativ- und Superlativformen sowohl mit als auch ohne Umlaut vor (z.b. *blässer – blässest* oder *blasser – blassest*):

(23) bang, blass, fromm, glatt, karg, krumm, nass, rot, schmal

Das einzige mehrsilbige Adjektiv, das Komparativ und Superlativ mit Umlaut bildet, ist *gesund* (*gesünder, gesündest*). Alle anderen Adjektive lauten in Komparativ und Superlativ nicht um.

Der Superlativ wird im unmarkierten Fall mit dem Suffix *-st* gebildet. Das Suffix *-est* steht dagegen bei Adjektiven, die erstens auf *-d, -s, -sk, -ss, -ß, -t, -tz, -x* oder *-z* enden und deren letzte Stammsilbe (die natürlich auch die einzige sein kann) zweitens zugleich einen Vollvokal aufweisen:

(24) wild-est, kält-est, nervös-est, grotesk-est, blass-est, weiß-est, breit-est, spitz-est, fix-est, stolz-est

Der Superlativ von *groß* lautet jedoch, entgegen der eben genannten Regel, nicht **größest* sondern *größt*.

Adjektive, die auf betonten Vollvokal oder Diphthong, und Adjektive, die auf *-sch* enden, können den Superlativ sowohl mit *-st* als auch mit *-est* bilden:

(25) *frei-st* oder *frei-est, lau-st* oder *lau-est, neu-st* oder *neu-est, roh-st* oder *roh-est; frisch-st* oder *frisch-est, morsch-st* oder *morsch-est*

Adjektive mit dem Wortbildungssuffix *-isch* bilden den Superlativ hingegen nur mit *-st* (*diebischst, neidischst*).

Es gibt darüber hinaus vier Adjektive mit unregelmäßig gebildeten Komparationsformen. Bei den Adjektiven *hoch* und *nah* treten Formen mit <h> im Wechsel mit Formen mit <ch> auf:

(26) hoch – höher – höchst
     nah – näher – nächst

Bei den Komparationsformen von *gut* und *viel* liegen (im Deutschen sehr seltene) Fälle von **Suppletivismus** vor. Das bedeutet, dass bestimmte Flexionsformen mit einem anderen Stamm (so genannter Suppletivstamm) gebildet werden:

(27) gut – besser – best
     viel – mehr – meist

In 5.1 haben wir gesehen, dass das Adjektiv nur in attributiver Funktion flektiert wird, während bei prädikativer und adverbialer Verwendung die (unflektierte) Kurzform steht. Die Komparativ-

und Superlativformen werden bei attributiver Verwendung auf die gleiche Weise flektiert wie die Positivformen:

(28) der alt-e Mann – der ält-er-e Mann – der ält-est-e Mann
jung-es Gemüse – jüng-er-es Gemüse – jüng-st-es Gemüse

Bei prädikativer und adverbialer Verwendung wird auch im Komparativ die (unflektierte) Kurzform verwendet. Vom Superlativ existiert dagegen keine Kurzform, d.h., eine Superlativform wie *ältest* kann, anders als Positiv und Komparativ, nicht als freie Wortform verwendet werden (**Der Mann ist ältest*). Die fehlende Kurzform des Superlativs wird ersetzt durch die analytische Konstruktion *am* + Superlativ:

(29) Der Mann ist alt – Der Mann ist älter – Der Mann ist am ältesten (*nicht*: *Der Mann ist ältest)

Bei Komposita bestehend aus Adjektiv + Adjektiv wird natürlich das Letztglied (der Kopf des Kompositums) kompariert:

(30) ein altmodischer Hut – ein altmodischerer Hut – der altmodischste Hut

Adjektive können auch andere Adjektive (meist Partizipien) modifizieren. Die modifizierenden Adjektive sind dann syntaktisch als Attribute zu werten, stehen in der Kurzform und können kompariert werden:

(31) das gut geschriebene Buch – das besser geschriebene Buch – das am besten geschriebene Buch

Anstelle der Superlativform in (31) ist auch die Form *bestgeschriebene* möglich (*das bestgeschriebene Buch*). Da, wie gerade festgestellt, eine Superlativform wie *best* nicht wortfähig ist, also nur gebunden vorkommt, ist bei dieser Bildung nur ein Kompositum möglich (nicht: **das best geschriebene Buch*), obwohl in den anderen Komparationsformen kein Kompositum vorliegt (**das gutgeschriebene*, **bessergeschriebene Buch*).

Es gibt auch Fälle, wo ein und dasselbe Adjektiv sowohl als Bestimmungsglied, wie *alt* in (30), vorkommt als auch adjektivmodifizierend wie *gut* in (31). Hier sind dann beide Muster möglich:

(32) a. schwerwiegende – schwerwiegendere – schwerwiegendste Vorwürfe
b. schwer wiegende – schwerer wiegende – am schwersten wiegende/ schwerstwiegende Vorwürfe

Im Superlativ konkurrieren zwei Formen miteinander, die sich dadurch unterscheiden, dass im einen Fall das Erstglied flektiert ist (***schwerst**wiegend*), im anderen Fall das Letztglied (*schwerwie**gendst***). Dabei weist die Form *schwerstwiegend* zwei Besonderheiten auf: Zum einen ist sie, wie gezeigt, gewissermaßen eine Superlativform einer Wortgruppe (*schwer wiegend*), nicht eines Wortes (*schwerwiegend*, dessen Superlativ ja *schwerwiegendst* lautet). Zum anderen handelt es sich dennoch um eine Wortform, wobei jedoch das Flexiv im Wortinneren steht und nicht am Wortende – ein dem Deutschen fremder Fall, da im Deutschen Flexion sonst nur am Wortende möglich ist.

Im gesprochenen Deutsch erhalten in manchen Fällen sowohl das Erst- als auch das Letztglied das Superlativsuffix, was zu Ausdrücken wie den folgenden führt:

(33) die nächstliegendste Idee, die meistgelesenste Zeitung, das größtmöglichste Interesse, die schnellstmöglichste Verbindung

Die Gründe für diese Bildungen dürften sein, dass erstens Letztglieder von Adjektivkomposita als Superlativformen vorkommen (*schwerwiegendst*) und dass zweitens Binnenflexion (Flexion im Inneren eines Wortes) im Deutschen kaum vorkommt. Superlativformen wie in (33) werden in ausnahmslos allen Grammatiken des Deutschen als falsch beurteilt. Es ist jedoch bemerkenswert, dass solche Bildungen nur in den Fällen vorkommen, in denen das Erstglied korrekt im Superlativ stehen muss. Bei Superlativen, bei denen das Zweitglied im Superlativ stehen muss, kommt es nicht zu „falschen" Superlativformen des Erstglieds (**leichtestgängigst*; *weitesttragendst).

5.6 Nicht-Komparierbarkeit

In 5.1 haben wir gesehen, dass bestimmte Adjektive nicht komparierbar sind. Dies sind zunächst diejenigen Adjektive, die nicht prädikativ verwendet werden können, also die nur attributiv verwendbaren Adjektive, die von Adverbien oder Nominalphrasen abgeleitet sind, wie *hiesig, damalig, heutig, diesjährig,* zweitens nur attributiv und adverbial verwendbare Adjektive wie *täglich, stündlich, wöchentlich, monatlich, jährlich, ständig, gänzlich, unverzüglich* und *ungefähr*. Gleichfalls nicht komparierbar sind alle Adjektive, die nicht flektierbar sind. Darüber hinaus können auch Partizipien in der Funktion von Adjektiven in der Regel nicht kompariert werden (**der schreibendere Kollege*, **das schreiendste Kind*, **die gelesenere Zeitung*, **die zugeschlagenste Tür*). Komparationsformen sind auch nicht möglich von Ordinalzahlwörtern (**der drittere Platz*, **das fünfteste Auto*) und anderen Adjektiven, die Zahlwörter enthalten, wie *dreifach, zehnteilig, vierrädrig*.

Während diese Adjektive tatsächlich nicht in Komparativ und Superlativ vorkommen, wird in den meisten Grammatiken von weiteren, semantisch definierten, Gruppen von Adjektiven behauptet, dass sie nicht kompariert werden könnten. So sind laut Duden (2009: 377f) Komparationsformen ausgeschlossen von Adjektiven, „die eine Eigenschaft ausdrücken, die nicht in unterschiedlichem Maß (=graduell) vorliegen kann", wie *lebendig, rund, tot*, von zusammengesetzten Adjektiven „mit verstärkenden Bestandteilen", wie *altklug, riesengroß, urkomisch*, und von Adjektiven, „die mit Wortbildungselementen verneint sind", wie *fleischlos, kinderlos, unüberhörbar*.

Ein Blick in das Internet zeigt jedoch, dass von fast allen genannten Adjektiven Komparativformen durchaus vorkommen. (34) bietet einige ausgewählte Internetbelege.

(34)   Literarisch war Leipzig nie **lebendiger** als seine Autoren.
        So ist der Ball im Durchschnitt **runder** als seine Vorgänger.
        Es war noch, nun ja: **toter** als an anderen Sonntagen.
        Das klingt jetzt viel **altklüger** als gewollt.
        Das ist **urkomischer** als vieles, was man in letzter Zeit lesen konnte
        Ich koche wesentlich leichter und **fleischloser** als meine Mutter.
        Studierte Frauen sind nur unwesentlich **kinderloser** als Unstudierte.
        Der Sound ist kaputter, härter und **unüberhörbarer** als je zuvor.

Was in allen Grammatiken übersehen wird, ist, dass z.B. *lebendig* und *tot* nicht nur auf das Lebendigsein oder Totsein von Lebewesen referieren können. Man kann sich z.B. auch lebendig oder tot fühlen oder man kann etwas als lebendig oder tot empfinden oder etwas kann lebendig oder tot wirken. Daraus, dass ein Lebewesen nicht toter als tot sein kann, folgt also nicht, dass das Adjektiv *tot* nicht kompariert werden kann, und das gilt analog für die meisten Adjektive, die eine Eigenschaft ausdrücken, die nicht in unterschiedlichem Maß vorliegen kann.

5.7   Zusammenfassung

Adjektive sind Wörter ohne festes Genus, die zwischen Artikel bzw. Artikelpronomen und Substantiv stehen können. Das typische Adjektiv flektiert hinsichtlich der Merkmalklassen Genus, Numerus und Kasus. Es weist zwei Deklinationsreihen auf, die starke und die schwache Deklination, und es ist komparierbar. Das typische Adjektiv kann attributiv, prädikativ und adverbial verwendet werden. Die typischen Eigenschaften gelten jedoch nicht für alle Adjektive.

- Das Adjektiv wird nur in attributiver Verwendung flektiert, nicht bei prädikativer und adverbialer Verwendung.
- Einige Adjektive können auch in attributiver Verwendung nicht flektiert werden, darunter die Kardinalzahlwörter und Herkunftsbezeichnungen mit dem Derivationssuffix -er.
- Nachgestellte attributive Adjektive bleiben stets unflektiert.
- Geht dem Adjektiv ein pronominal flektiertes Element voran, flektiert das Adjektiv schwach, andernfalls stark. Die Annahme einer „gemischten" Adjektivflexion ist nicht notwendig.
- Einige Klassen von Adjektiven können nicht kompariert werden, darunter diejenigen Adjektive, die nicht flektierbar sind.
- Wörter, die nur prädikativ verwendet werden können, wie *futsch*, *leid*, *quitt* sind gemäß der Definition keine Adjektive. Zu welcher Wortart sie gehören, ist umstritten.

Aufgabe 26: Adjektive wie *äußere, hintere, linke, hiesig, damalig, heutig* und viele andere können nur attributiv, nicht prädikativ oder adverbial verwendet werden. Was ist der Grund für diese Beschränkung?

Aufgabe 27: In vielen Grammatiken werden noch weitere Gruppen von Adjektiven aufgeführt, die nur attributiv verwendet werden könnten. Darunter findet man: 1. Adjektive, die die Zugehörigkeit angeben, wie *väterlich, ärztlich*; 2. Adjektive, die die Herkunft angeben, wie *französisch, bayrisch*; 3. Adjektive, die einen Bereich angeben, wie *städtisch, schulisch*; 4. Adjektive, die den Stoff angeben, wie *silbern, hölzern*. Überlegen Sie für jede Gruppe, ob die Adjektive auch prädikativ und/oder adverbial verwendet werden können oder ob sie tatsächlich auf den attributiven Gebrauch beschränkt sind.

Aufgabe 28: Die maskulinen und neutralen Formen des Genitivs der starken Flexion lauteten bis ins 15. Jahrhundert auf -s (noch heute *reines Herzens* für *reinen Herzens*), d.h., die starke Adjektivflexion war vollkommen identisch mit der Flexion von Pronomina wie *dieser* (vgl. 6.1). Was könnte der Grund dafür sein, dass das Genitiv-s der starken Adjektivflexion durch -n ersetzt wurde?

Aufgabe 29: Ein deutsches Volkslied beginnt mit den Zeilen *Kein schöner Land in dieser Zeit als hier das unsre weit und breit.* Analysieren Sie die Form *schöner*. Welcher der im Text genannten Fälle liegt hier vor?

Aufgabe 30: *Willkommen in der <u>alten</u>, der <u>neuen</u> Erzgebirgsbahn. Im Dezember 2007 wurde die <u>komplette</u> Modernisierung der <u>historischen</u> Schienenverbindung abgeschlossen. <u>Rote</u> Regionalzüge flitzen in <u>sportlichem</u> Tempo von Chemnitz und Zwickau auf <u>vier</u> Linien Richtung Tschechien und zurück. Zu den <u>landschaftlich</u> <u>reizvollsten</u> Passagen gehört die Strecke durch das Tal der Zschopau, deren Stationen so <u>klangvolle</u> Namen tragen wie Wolkenstein und Bärenstein. In Augustusburg baute sich Sachsens Kurfürst im 16. Jahrhundert ein weithin <u>sichtbares</u>, <u>prachtvolles</u> Jagdschloss.*

Geben Sie an, ob die unterstrichenen Adjektive in diesem Text stark oder schwach flektiert oder ob sie unflektiert sind und nennen Sie jeweils den Grund für die Form.

Grundbegriffe: starke und schwache Deklination; attributive, prädikative, adverbiale Verwendung des Adjektivs; Komparation; Positiv, Komparativ, Superlativ.

Weiterführende Literatur: Zur Abgrenzung von Adjektiv und Adverb: Eisenberg (2002); zu den Synkretismen: Wiese (1996); zum nachgestellten Adjektivattribut: Dürscheid (2002); zu Stadtadjektiven auf *-er*: Fuhrhop (2003); zum Superlativ: Fuhrhop/Vogel (2010); zur Übersicht: Duden (2009), Eisenberg (2006a).

6. Die Artikelpronomina

In den folgenden drei Kapiteln geht es um diejenigen deklinierbaren Wörter, die weder Substantive noch Adjektive sind und üblicherweise als Artikel und Pronomina bezeichnet werden. Glinz (1952) hat dafür den Ausdruck „Begleiter-Stellvertreter" eingeführt, da diese Wörter als Begleiter des Substantivs (*der Mann, dieser Mann*) und/oder anstelle eines Substantivs bzw. einer Nominalphrase (*Er kommt; Dieser kommt*) vorkommen können. „Begleiter-Stellvertreter" als eine Wortklasse ist dabei genau dadurch definiert, dass die Mitglieder dieser Klasse sich von Substantiv und Adjektiv unterscheiden, d.h., die „Begleiter-Stellvertreter" werden zunächst negativ gegen Substantiv und Adjektiv abgegrenzt. Glinz führt insgesamt fünf Kriterien auf, nach denen sich Substantive, Adjektive und „Begleiter-Stellvertreter" unterscheiden:

(1) Merkmale von nominalen Klassen

	Substantiv	Adjektiv	„Begleiter-Stellvertreter"
inhärentes Genus	+	–	(–)
artikelfähig	+	–	
komparierbar	–	(+)	–
attribuierbar	–	+	–
2 Flexionsreihen	–	+	–

Dabei ist Komparierbarkeit beim Adjektiv nicht wirklich ein konstituierendes Merkmal, da es Adjektive gibt, die nicht kompariert werden können (vgl. 5.6). Und nicht für alle „Begleiter-Stellvertreter" gilt, dass sie kein inhärentes Genus haben – einige Pronomina haben das durchaus (*jemand* ist Maskulinum, *nichts* ist Neutrum, vgl. 8.2). Aber auch wenn die beiden eingeklammerten Merkmale nicht eindeutig sind, bleibt es dabei, dass sich die Gesamtheit der „Begleiter-Stellvertreter" von den Substantiven und den Adjektiven eindeutig unterscheidet.

Dennoch ist es problematisch, die „Begleiter-Stellvertreter" als **eine** Wortart zu fassen. Nach ihrer syntaktischen Verwendung lassen sich nämlich innerhalb dieser Gruppe drei Klassen von Wörtern unterscheiden. Es gibt erstens solche Wörter, die **nur** als Begleiter eines Substantivs vorkommen können, wie *ein* in (2).

(2) a. Ein Mann ist gekommen.
  b. *Ein ist gekommen.

Es gibt zweitens solche Wörter, die **nur** anstelle eines Substantivs bzw. einer Nominalphrase, also „autonom", vorkommen können, wie *jemand* in (3).

(3) a. Jemand ist gekommen.
  b. *Jemand Mann ist gekommen.

Und es gibt schließlich drittens solche Wörter, die **sowohl** als Begleiter eines Substantivs **als auch** als Stellvertreter, d.h. autonom vorkommen können, wie *dieser* und *jener* in (4).

(4) a. Dieser Mann ist gekommen, jener Mann ist gegangen.
  b. Dieser ist gekommen, jener ist gegangen.

Bezüglich der Klassifizierung der in Rede stehenden Wörter finden sich in den Grammatiken des Deutschen unterschiedliche Lösungen. Helbig/Buscha (2001) setzen die zwei Klassen „Artikelwort" bzw. „adjektivisches Pronomen" für die Fälle in (2a) und (4a) an und „substantivisches Pronomen" für die Fälle in (3a) und (4b); Zifonun et al. (1997) nennen dieselben Klassen „Determinativ" und „Proterm". Jedes Wort, das Begleiter **und** Stellvertreter sein kann, gibt es demnach zweimal, also z.B. ein Artikelwort bzw. adjektivisches Pronomen *dieser* (wie in *Dieser Mann kommt*) und ein davon verschiedenes homonymes substantivisches Pronomen *dieser* (wie in *Dieser kommt*) (s. (5a)). Bei Engel (2004) bilden alle Einheiten, die nur adnominal (also als Begleiter wie in (2a)) und alle, die sowohl ad- als auch pronominal vorkommen (4), eine Klasse „Determinativ", und alle, die nur pronominal vorkommen (3a), bilden eine Klasse „Pronomen" (5b). Eisenberg (2006b) verfährt genau umgekehrt: Hier zählen alle Wörter, die nur adnominal vorkommen (2a), zur Klasse der „Artikel", alle anderen (also sowohl die ad- und pronominalen als auch die nur pronominalen (3a) und (4)) zur Klasse der „Pronomen" (5c). Der Duden (2009: 250) verwendet allgemein für „die lexikalische Wortart" „die Paarformel Artikelwort und Pronomen" (5d).

(5)   Zuordnung der „Begleiter-Stellvertreter" zu Wortklassen in ausgewählten
      Grammatiken

a. Helbig/Buscha (2001); Zifonun et al. (1997)

adnominal	ad- & pronominal	pronominal
„Artikelwort/adjektivisches Pro- nomen" (Helbig/Buscha) „Determinativ" (Zifonun et al.)	„substantivisches Pronomen" (Helbig/Buscha) „Proterm" (Zifonun et al.)	

b. Engel (2004)

adnominal	ad- & pronominal	pronominal
„Determinativ"		„Pronomen"

c. Eisenberg (2006b)

adnominal	ad- & pronominal	pronominal
„Artikel"	„Pronomen"	

d. Duden (2009)

adnominal	ad- & pronominal	pronominal
„Artikelwort und Pronomen"		

Eine Unterscheidung von drei Klassen, wie sie sich aus den Beispielen in (2) bis (4) ergibt, gibt es unseres Wissens in keiner
Grammatik des Deutschen. Es ist jedoch sinnvoll, hier, wie sonst
auch bei der Bestimmung von Wortarten, nach syntaktischen Kriterien zu unterscheiden, was zu drei Untergruppen der „Begleiter-
Stellvertreter" führt, nämlich erstens Wörter, die nur als „Begleiter"
vorkommen, zweitens Wörter, die nur als „Stellvertreter" vorkommen, und drittens Wörter, die in beiden Funktionen auftreten. Die
erste Gruppe sind die **Artikel**, die zweite Gruppe sind **Pronomina**
im engeren Sinne. Für die Wörter der dritten Gruppe gibt es keinen
etablierten Terminus. Wir bezeichnen sie als **Artikelpronomen**.
Artikelpronomina sind also solche Wörter, die **sowohl** als Begleiter
als auch als autonomes Pronomen vorkommen können. Dies sind
die Demonstrativa (6.1), die Indefinita (6.2), die Possessiva (6.3)
und das Wort *welcher* (6.4).

6.1 Demonstrativa

In den Grammatiken des Deutschen werden in der Regel die fünf
Demonstrativa in (6) angenommen.

(6)   Demonstrativa
      dieser, jener, derjenige, derselbe, der

68

Die Demonstrativa *dieser* und *jener* weisen das typische Flexionsmuster der so genannten pronominalen Flexion auf. In (7) sind die
Flexionssuffixe von *dieser* und *jener* angegeben, mit Kennzeich-
nung der Synkretismusfelder (vgl. 5.1).

(7) Flexion von *dieser* und *jener*
     dies-/jen-

	Mask	Neut	Fem	Plural
Nom	-er	-es	-e	-e
Akk	-en	-es	-e	-e
Dat	-em	-em	-er	-en
Gen	-es	-es	-er	-er

Wie wir sehen, entspricht die pronominale Flexion der des starken
Adjektivs – mit einer Ausnahme: im Genitiv von Maskulinum und
Neutrum lautet das Suffix *-es* und nicht, wie beim stark flektierten
Adjektiv, *-en*. Allerdings kommt im Gegenwartsdeutschen anstelle
des Genitiv-*es* vereinzelt auch *-en* vor, besonders häufig in Verbindung mit den Substantiven *Jahr* und *Monat* wie in (8a). Der Grund
dafür, dass in dieser Verbindung die adjektivische Genitivendung
zunehmend bevorzugt wird, dürfte sein, dass hier an der Stelle des
Demonstrativums wie in (8a) besonders häufig Adjektive ohne Begleiter auftreten wie in (8b).

(8) a. Anfang diesen Jahres, im Sommer jenen Jahres, Ende diesen Monats
     b. Herbst letzten Jahres, im Mai vorigen Jahres, Ende nächsten Monats

Von *dieser* (nicht aber von *jener*) kommt neben der flektierten
Form im Neutrum Nominativ und Akkusativ Singular auch noch
die unflektierte Form *dies* vor. Inwieweit die Formen *dieses* und
dies in freier Variation stehen, ist nicht klar. Es scheint jedoch eine
Tendenz zu geben dahingehend, dass *dieses* eher bei adnominalem
Gebrauch verwendet wird (*Dieses Kleid gefällt mir gut*), *dies* eher
bei autonomem Gebrauch (*Dies gefällt mir gut*). Aber auch die umgekehrten Verwendungen kommen durchaus vor (*Dies Kleid gefällt
mir gut*; *Dieses gefällt mir gut*). In jedem Fall wird mit der unflek-
tierten Form entgegen der Regel die schwache und nicht die starke
Adjektivflexion kombiniert: *dies kleine/*kleines Kind*.
    Fraglich ist schließlich, inwieweit der Genitiv bei autonomem
Gebrauch verwendet werden kann. Besonders bei Maskulina und
Neutra ist der Genitiv hier kaum möglich:

(9) Wir erinnern uns jenes Tages – ??Wir erinnern uns jenes
     der Schreiber dieses Briefes – ??der Schreiber dieses
     wegen dieses Wetters – ??wegen dieses

Der Grund für die mangelnde Akzeptabilität der autonomen Genitivformen dürfte sein, dass die Formen *dieses* und *jenes* zugleich auch Nominativ bzw. Akkusativ sind. Dafür spricht auch, dass die autonomen Genitivformen im Femininum und im Plural weit eher akzeptabel zu sein scheinen:

(10) Wir erinnern uns jener Frau – Wir erinnern uns jener
der Schreiber dieser Zeilen – der Schreiber dieser
wegen dieser Problematik – wegen dieser

Die (zusammengesetzten) Demonstrativa *derjenige* und *derselbe* haben eine Besonderheit: Sie flektieren nicht nur am Wortende, sondern weisen zusätzlich Binnenflexion auf: Sowohl der Bestandteil *der* als auch der Bestandteil *jenig* bzw. *selb* wird flektiert.

(11) Flexion von *derjenige*

	Mask	Neut	Fem	Plural
Nom	derjenige	dasjenige	diejenige	diejenigen
Akk	denjenigen	dasjenige	diejenige	diejenigen
Dat	demjenigen	demjenigen	derjenigen	denjenigen
Gen	desjenigen	desjenigen	derjenigen	derjenigen

Dabei flektiert der Bestandteil *der* wie der Definitartikel, der Bestandteil *jenig* bzw. *selb* wie ein schwaches Adjektiv. Dies hat zu der Annahme geführt, dass es sich hier eigentlich um zwei Wörter handle, nämlich eben den Artikel gefolgt von einem Adjektiv (Pafel 1995). Dagegen spricht jedoch, dass *jenig* nur mit *der* kombiniert werden kann, und auch die Distribution von *selb* ist stark eingeschränkt. Dies im Gegensatz etwa zum Adjektiv *gleich* in *der gleiche*. (12) zeigt, wie die „Worthaftigkeit" von *derjenige* über *derselbe* zu *der gleiche* kontinuierlich abnimmt.

(12) a. *dieser jenige Politiker; *ein jeniger Politiker; *jenige Politiker;
*vom jenigen Politiker
b. dieser selbe Politiker; *ein selber Politiker; *selbe Politiker; vom selben Politiker
c. dieser gleiche Politiker; ein gleicher Politiker; gleiche Politiker; vom gleichen Politiker

Umstritten ist, ob es auch ein Demonstrativum *der* gibt, welches gleichfalls sowohl adnominal als auch autonom vorkommt. Gegen ein adnominales Demonstrativum *der* scheint zunächst die Tatsache zu sprechen, dass es genau wie der bestimmte Artikel flektiert. Dagegen unterscheiden sich bei pronominalem Gebrauch die Genitivformen und die Dativ-Plural-Form von denjenigen des Artikels.

(13) Flexion des Demonstrativums *der*

	adnominal				pronominal			
	Mask	Neut	Fem	Pl	Mask	Neut	Fem	Pl
Nom	*der*	*das*	*die*	*die*	*der*	*das*	*die*	*die*
Akk	*den*	*das*	*die*	*die*	*den*	*das*	*die*	*die*
Dat	*dem*	*dem*	*der*	*den*	*dem*	*dem*	*der*	*denen*
Gen	*des*	*des*	*der*	*der*	*dessen*	*dessen*	*derer/ deren*	*derer/ deren*

Geht man von der Annahme aus, dass es ein vom Artikel verschiedenes adnominales Demonstrativum *der* gibt, so ist dieses bei adnominalem Gebrauch stets betont (Engel 2004: 322). Für die Annahme eines vom Artikel verschiedenen adnominalen Demonstrativums *der* spricht zudem die Tatsache, dass es Fälle gibt, wo betontes *der* mit dem Demonstrativum *dieser*, nicht aber mit dem Artikel *der* austauschbar ist, wie in (14) deutlich wird (Bisle-Müller 1991: 71).

(14) Er hat einen Mercedes und einen VW angeschaut.
  a. Schließlich hat er den VW gekauft.
  b. Schließlich hat er diesen VW gekauft.
  c. Schließlich hat er dén VW gekauft.

Während (14a), mit bestimmtem Artikel, nur so verstanden werden kann, dass der VW gekauft wurde, von dem im Vorgängersatz die Rede war (anaphorischer Bezug des Artikels), kann sowohl in (14b) als auch in (14c) nicht der zuvor genannte VW gemeint sein. Dies spricht dafür, dass in (14c) nicht eine betonte Verwendung des Artikels in (14a) vorliegt, sondern ein vom Artikel verschiedenes Wort, eben das (in adnominaler Verwendung stets betonte) Demonstrativum *der*. Für diese Analyse spricht auch, dass der Artikel in aller Regel phonetisch reduziert werden kann, nicht jedoch das Demonstrativum *der* (vgl. 7.1).

6.2 Indefinita

Während die in 6.1 genannten fünf Wörter in den meisten Grammatiken als Demonstrativa angesehen werden, gibt es kaum zwei Grammatiken des Deutschen, die dieselbe Anzahl von Indefinita ansetzen. Indefinita, die unserer Definition von Artikelpronomen entsprechen, sind die folgenden:

(15) aller, einiger, etlicher, jeder, jedweder, jeglicher, irgendein, irgendwelcher, kein, mancher, mehrere

Nicht zu den hier behandelten Indefinita zählen *jedermann, jemand, niemand, nichts* – sie kommen nur in autonomer Verwendung vor und gehören daher zur Klasse der Indefinitpronomina (vgl. 8.2). Die ebenfalls in manchen Grammatiken zu den Indefinita gezählten Wörter *beide, viel, wenig, derartig* und *sämtlich* zählen wir zu den Adjektiven, da sie stark und schwach flektieren und zwischen Artikel oder Artikelpronomen und Substantiv stehen können (vgl. 5.1), wie die Beispiele in (16) zeigen.

(16) a. beide/viele/wenige Kinder
     b. die beiden/vielen/wenigen Kinder

Die meisten der Wörter in (15) sowie die Wörter in (16) werden von manchen Autoren auch als „Quantoren" bezeichnet. Wie sich aus dem Gesagten ergibt, bezeichnet „Quantor" jedoch keine Wortart, sondern lediglich eine semantisch definierte Gruppe von Wörtern, da zu den Quantoren sowohl Artikelpronomen als auch Adjektive gehören.

Die Indefinita *aller, einiger, etlicher, irgendwelcher, jedweder, jeglicher, mancher* flektieren wie das Demonstrativum *dieser* (vgl. 6.1). Ebenso flektieren *jeder* und *mehrere*, jedoch hat *jeder* nur Singularformen (**jede Leute*), *mehrere* nur Pluralformen (**mehreres Wasser*).

Die Indefinita *kein* und *irgendein* haben bei adnominaler Verwendung kein Kasussuffix im Nominativ Maskulinum und Neutrum und im Akkusativ Neutrum. Bei autonomer Verwendung ist dagegen das Kasussuffix vorhanden:

(17) a. Nom Sg Mask: Kein Mensch weiß Bescheid. Kein**er** weiß Bescheid.
     Nom Sg Neut: Kein Kind weiß Bescheid. Kein**es** weiß Bescheid.
     Akk Sg Neut: Sie hat kein Auto. Sie hat kein**es**.

  b. Flexion des Indefinitums *kein*

	adnominal				pronominal			
	Mask	Neut	Fem	Pl	Mask	Neut	Fem	Pl
Nom	*kein*	*kein*	*keine*	*keine*	*keiner*	*keines*	*keine*	*keine*
Akk	*keinen*	*kein*	*keine*	*keine*	*keinen*	*keines*	*keine*	*keine*
Dat	*keinem*	*keinem*	*keiner*	*keinen*	*keinem*	*keinem*	*keiner*	*keinen*
Gen	*keines*	*keines*	*keiner*	*keiner*	*keines*	*keines*	*keiner*	*keiner*

In manchen Grammatiken wird der Formunterschied in den genannten drei Positionen des Paradigmas zum Anlass genommen, ein „Determinativ" (Engel 2004) bzw. einen „Artikel" (Eisenberg 2006a) *kein/irgendein* von einem Pronomen *keiner/irgendeiner* zu unterscheiden. Diese Sichtweise verschleiert jedoch die Tatsache, dass *kein/keiner* bzw. *irgendein/irgendeiner* sich syntaktisch genauso verhält wie alle anderen Artikelpronomina. Allein das Fehlen bzw. Vorhandensein des Kasussuffixes in den drei Positionen rechtfertigt nicht die Annahme von zwei verschiedenen Wörtern.

Eine Besonderheit von *aller* und *mancher* ist, dass diese beiden Wörter mit allen Numeri und Kasus auch unflektiert vorkommen, allerdings nur in Verbindung mit einem pronominal flektierten Element. Bei *all* muss dieses Element ein Artikel oder Artikelpronomen sein, bei *manch* kann es nur ein Adjektiv sein, wie die Beispiele in (18) zeigen. Entsprechend der Regel flektiert das Adjektiv in diesem Fall stark.

(18) a. all das/dieses/jenes Gold
      b. *manch das/dieses/jenes Gold
      c. *all guter Wein/*all schönes Gold/*all trügerische Hoffnung
      d. manch guter Wein/manch schönes Gold/manch trügerische Hoffnung

6.3 Possessiva

Die Possessiva *mein, dein, sein, ihr, unser, euer, ihr* werden wie das Indefinitum *kein* flektiert:

(19) Flexion der Possessiva, Beispiel *sein*

| | adnominal | | | | pronominal | | | |
	Mask	Neut	Fem	Pl	Mask	Neut	Fem	Pl
Nom	*sein*	*sein*	*seine*	*seine*	*seiner*	*seines*	*seine*	*seine*
Akk	*seinen*	*sein*	*seine*	*seine*	*seinen*	*seines*	*seine*	*seine*
Dat	*seinem*	*seinem*	*seiner*	*seinen*	*seinem*	*seinem*	*seiner*	*seinen*
Gen	*seines*	*seines*	*seiner*	*seiner*	*seines*	*seines*	*seiner*	*seiner*

Wie bei *kein/keiner* so wird auch hier von manchen Autoren ein Artikelwort *mein/dein* etc. von einem Pronomen *meiner/deiner* etc. unterschieden. Wir folgen dieser Auffassung aus den in 6.2 dargelegten Gründen nicht.

Eine syntaktische Eigenschaft von Artikel und Artikelpronomen ist, dass in einer Nominalphrase grundsätzlich nur **ein** Artikel oder Artikelpronomen zugelassen ist (**der dieser Mann, *die jede Frau, *kein das Kind*). Kann ein Wort zwischen Determinativ und Substantiv stehen, ist es ein Adjektiv (*die beiden/vielen/wenigen Leute*). Eine Ausnahme von dieser Regel stellt das Possessivum dar: Anders als alle anderen Artikelpronomen kommt es marginal in der Position nach Artikel oder einem weiteren Artikelpronomen vor, und zwar bei adnominalem Gebrauch nach *dieser*, bei autonomem Gebrauch nach *der*:

(20) a. Dieses unser Land ist schön.
     b. *Das unser Land ist schön.
     c. Das unsere ist schön.
     d. *Dieses unsere ist schön.

In der Verwendung wie in (20c) wird das Possessivum schwach flektiert (*unserem Mann* vs. *dem unseren*; *unseres Mannes* vs. *des unseren*). Aus Fällen wie (20c) ist vereinzelt abgeleitet worden, dass das Possessivum zu den Adjektiven zu zählen sei (z.B. Löbel 1996). Tatsächlich steht das Possessivum den Adjektiven näher als die übrigen Artikelpronomen. Aufgrund seines übrigen Stellungsverhaltens ist es dennoch den Artikelpronomen zuzurechnen.

6.4 *welcher*

Die Hauptfunktion von *welcher* ist die eines **Interrogativums** (Frageworts) wie in (21):

(21) Welches Kleid soll ich anziehen?
      Welchem Politiker kann man trauen?
      An welchen Rat soll ich mich halten?

Welcher kann auch autonom gebraucht werden:

(22) Welches soll ich anziehen?
      Welchem kann man trauen?
      An welchen soll ich mich halten?

Die Sätze in (22) machen allerdings den Eindruck einer Ellipse, d.h., sie können wohl nur dann geäußert werden, wenn Sprecher und Hörer klar ist, auf welches Substantiv *welcher* sich bezieht (etwa *Kleid* in (22a), *Politiker* in (22b), *Rat* in (22c)). Ist ein entsprechender Bezug nicht vorhanden, werden anstelle von *welcher* die Pronomina *wer* bzw. *was* gewählt (*Was soll ich anziehen?*; *Wem kann man trauen?*; *An was soll ich mich halten?*). In Fällen wie (23) ist immer die neutrale Form möglich, unabhängig vom Genus des Prädikatsnomens. In der Regel kann hier *welches* durch *was* ersetzt werden (*Was ist der erste Buchstabe?*; *Was ist die schönste Lampe?*) (vgl. 8.3).

(23) Welches ist der erste Buchstabe?
      Welches ist die schönste Lampe?

In den Sprachen der Welt werden sehr häufig aus Interrogativa Indefinita abgeleitet (Haspelmath 1997: 26). Auch im Deutschen kommt *welcher*, neben der Funktion als Interrogativum, mit indefiniter Bedeutung vor. In dieser Bedeutung ist *welcher* allerdings auf die autonome Verwendung (pronominal) wie in (24a) beschränkt, adnominale Verwendung wie in (24b) ist ausgeschlossen (Engel 2004: 333):

(24) a. Hast du noch Zigaretten? – Ja, ich habe welche.
      b. *Ich habe noch welche Süßigkeiten.

Bei *irgendwelcher* ist hingegen neben der autonomen auch die adnominale Verwendung möglich:

(25) Ich habe noch irgendwelche (Süßigkeiten).

Schließlich kommt *welcher* auch als Relativpronomen vor (vgl. dazu 8.4).

Welcher wird (unabhängig von der Verwendung als Interrogativum, Indefinitum oder Relativum) wie das typische Artikelpronomen *dieser* flektiert. Daneben kommt es, wie *mancher*, auch unflektiert vor. Es kann dann wie *mancher* nur mit Adjektiven stehen. In dieser Form tritt *welch* überwiegend in Ausrufen auf:

(26) Welch guter Wein! Welch schönes Gold! Welch trügerische Hoffnung!

6.5 Zusammenfassung

Die „Begleiter und Stellvertreter" des Substantivs können in drei syntaktisch bestimmte Klassen unterteilt werden: Wörter, die nur als Begleiter des Substantivs vorkommen, sind Artikel; Wörter, die ausschließlich an der Stelle eines Substantivs oder einer Nominalphrase stehen können (so genannter autonomer Gebrauch), sind Pronomina (im engeren Sinne), und Wörter, die sowohl als Begleiter als auch als Stellvertreter von Substantiven bzw. Nominalphrasen auftreten, werden hier als Artikelpronomina bezeichnet.

- Die Demonstrativa sind: *dieser, jener, derjenige, derselbe* und (bei adnominalem Gebrauch stets betontes) *der*.
- Die Indefinita sind: *aller, einiger, etlicher, jeder, jedweder, jeglicher, irgendein, irgendwelcher, kein, mancher, mehrere*.
- Die Possessiva haben, anders als die anderen Artikelpronomina, bestimmte Flexionseigenschaften mit den Adjektiven gemein.
- Das Artikelpronomen *welcher* kann die Funktion eines Interrogativums und eines Indefinitums haben.

Aufgabe 31: Das Indefinitum *aller* weist mehrere Eigenschaften auf, die für Artikelpronomen untypisch sind. Welche sind das?

Aufgabe 32: Zifonun et al. (1997) rechnen *solch* zu den „Determinativen", Heidolph et al. (1981) zu den Indefinita, andere Grammatiken zu den Adjektiven. Überlegen Sie, wWelche Gründe könnten für die jeweilige Zuordnung sprechen könnten.? Zu welcher Wortart gehört *solch* nach den hier geltenden Kriterien?

Aufgabe 33: Die Possessiva haben gewisse Eigenschaften mit den Adjektiven gemein. Nennen Sie weitere, im Text nicht angegebene Eigenschaften, die die Possessiva von den Adjektiven unterscheiden und die sie mit den Adjektiven teilen.

Grundbegriffe: Artikel, Artikelpronomen, Pronomen; Demonstrativum, Indefinitum, Possessivum, Interrogativum; pronominal, adnominal, autonom.

Weiterführende Literatur: Zum Demonstrativum *der*: Bisle-Müller (1991); zu *dieses/diesen Jahres*: Stenschke (2007); zu *derjenige* und *derselbe*: Pafel (1995); zu den Indefinita: Haspelmath (1997); zu den Possessiva: Plank (1992); zur Übersicht: Duden (2009), Engel (2004).

7. Die Artikel

Traditionell werden in der Grammatikschreibung des Deutschen zwei Artikel unterschieden, der bestimmte Artikel oder Definitartikel *der* und der unbestimmte Artikel oder Indefinitartikel *ein*. In der wissenschaftlichen Literatur wird dies immer wieder in Frage gestellt. Einerseits werden häufig alle Wörter, die an irgendeiner Stelle im Paradigma Formen aufweisen, welche nur bei adnominalem Gebrauch vorkommen, als Artikel bezeichnet (*der/ein/kein/mein Mann* vs. *einer, keiner, meiner*). Andererseits wird oft unterschiedslos für Wörter wie *der/dieser/kein/unser/ein (Mann)* eine Kategorie Artikelwort angesetzt. Es wird also sowohl die Auffassung vertreten, dass das Deutsche wesentlich mehr Artikel habe, als traditionell angenommen, als auch die Auffassung, dass das Deutsche gar keine Artikel im engeren Sinne habe. Es findet sich auch die Meinung, dass es nur einen bestimmten Artikel *der* gebe, nicht aber einen unbestimmten Artikel *ein*, da *ein* ein „Quantor" oder ein Zahlwort sei. Es gibt jedoch gute Gründe für die traditionelle Sichtweise, nach der das Deutsche tatsächlich genau zwei Artikel hat.

7.1 Der Definitartikel

In fast allen germanischen und in allen romanischen Sprachen können Substantive bestimmter Klassen (in der Regel so genannte Gattungsbezeichnungen) zumindest im Singular nicht ohne ein ihnen
vorangestelltes Wort benutzt werden, das erforderlich ist, um das
Substantiv zu einer Nominalphrase zu machen. Dies gilt auch für
das Deutsche: Die Sätze in (1a) sind ungrammatisch, nur (1b) und
(1c) sind grammatisch.

(1) a. *Auto steht an der Ecke. *Auto ist rot.
     b. An der Ecke steht ein Auto.
     c. Das Auto ist rot.

Der Indefinitartikel in (1b) wird dann benutzt, wenn von dem Auto
zuvor noch nicht die Rede war. Mit dem Indefinitartikel *ein* wird
der Referent (hier: das Auto) neu in den Diskurs eingeführt. Nachdem dies mit dem Indefinitartikel geschehen ist, kann anschließend
mit dem Definitartikel auf den Referenten verwiesen werden. Entsprechend kann die Abfolge (1b) – (1c) als ein Text gelesen werden, in dem von einem bestimmten Auto die Rede ist. Die Abfolge
(1c) – (1b) kann so nicht verstanden werden. Die in (1) gezeigte
Funktion ist die Hauptfunktion des Artikels; daneben können noch
andere Funktionen unterschieden werden, so können etwa beide
Artikel generisch verwendet werden wie in (2), der Definitartikel
steht auch bei Substantiven, die etwas bezeichnen, das in unserer
Welt nur einmal vorkommt (und deswegen nicht mittels Indefinitartikel eingeführt werden muss) wie in (3) oder bei bestimmten Eigennamen, die obligatorisch mit Definitartikel auftreten, wie in (4).

(2) a. Der Säbelzahntiger ist ausgestorben.
     b. Eine Katze hat sieben Leben.
(3) Die Erde dreht sich um die Sonne.
(4) Die Zugspitze ist der höchste Berg Deutschlands.

In den Beispielen (1) bis (4) ist der Artikel stets unbetont. Betonung
führt zu einer anderen Bedeutung (etwa: *Dér Säbelzahntiger ist
ausgestorben, aber jener Säbelzahntiger nicht*), es liegt dann das
Demonstrativum *der* vor (vgl. 6.1). Der Definitartikel *der* flektiert
hinsichtlich Genus, Numerus und Kasus und hat die Formen in (5).

(5) Flexion des Definitartikels

	Mask	Neut	Fem	Pl
Nom	*der*	*das*	*die*	*die*
Akk	*den*	*das*	*die*	*die*
Dat	*dem*	*dem*	*der*	*den*
Gen	*des*	*des*	*der*	*der*

Orthographisch unterscheiden sich die Formen des Definitartikels nicht von jenen des Demonstrativums *der* (vgl. 6.1). Im Gesprochenen können die Artikelformen jedoch, abhängig von der Ausgangsform, unterschiedlich stark reduziert werden. In (6) sind die Vollformen den maximal abgeschwächten Formen gegenübergestellt.

(6) Formen des Definitartikels im Gesprochenen

	Vollformen				abgeschwächte Formen			
	Mask	Neut	Fem	Pl	Mask	Neut	Fem	Pl
Nom	deːɐ̯	das	diː	diː	dɐ̯	s	dɪ	dɪ
Akk	deːn	das	diː	diː	n	s	dɪ	dɪ
Dat	deːm	deːm	deːɐ̯	deːn	m	m	dɐ̯	n
Gen	dɛs	dɛs	deːɐ̯	deːɐ̯	dəs	dəs	dɐ̯	dɐ̯

Im Geschriebenen werden in der Regel nur die orthographischen Formen gemäß (5) verwendet. Nur wenn Gesprochenes explizit markiert werden soll, kommen im Geschriebenen Formen wie in (7) vor.

(7) Er hat 'n Wagen vorgefahren.
     Wir sind 'm Bürgermeister begegnet.
     Sie hat gestern 's große Los gezogen.

Nur bei den so genannten **Verschmelzungen** aus Präposition und Artikel wird der Unterschied zwischen Vollform und abgeschwächter Form auch im Geschriebenen in bestimmten Fällen gemacht. Die Verschmelzungen sind unterschiedlich stark verfestigt. In (8) können Verschmelzung und nicht verschmolzene Form unterschiedslos verwendet werden, in (9) haben Verschmelzung und volle Form unterschiedliche Bedeutung, in (10) ist nur die Verschmelzung möglich, die Vollform des Artikels ist ungrammatisch.

(8) a. Er hat den Koffer aufs Zimmer getragen.
     b. Er hat den Koffer auf das Zimmer getragen.
(9) a. Ich gehe jetzt ins Bett.
     b. Ich gehe jetzt in das Bett.
     c. Im Sommer, da regnet's, im Winter, da schneit's.
     d. In dem Sommer, da regnet's, in dem Winter, da schneit's.
(10) a. Zu Hause ist es am schönsten.
     b. *Zu Hause ist es an dem schönsten.
     c. Helga ist noch am Arbeiten.
     d. *Helga ist noch an dem Arbeiten.

Verschmelzungen mit Präpositionen sind grundsätzlich nur mit dem Artikel möglich, nicht mit Demonstrativa. Immer dann, wenn die Reduktionsform stehen kann, liegt der Artikel vor.

7.2 Der Indefinitartikel

Der Indefinitartikel *ein* kann auf vergleichbare Weise von dem Zahlwort *einer* unterschieden werden wie der Definitartikel *der* von dem Demonstrativum *der*. Wie für den Definitartikel, so gilt auch für den Indefinitartikel, dass sich seine Formen orthographisch nicht von denen des Zahlworts unterscheiden, wie das Paradigma in (11) zeigt. Da der Indefinitartikel historisch auf das gleichlautende Zahlwort zurückgeht, fehlen ihm die Pluralformen.

(11) Flexion des Indefinitartikels

	Mask	Neut	Fem
Nom	*ein*	*ein*	*eine*
Akk	*einen*	*ein*	*eine*
Dat	*einem*	*einem*	*einer*
Gen	*eines*	*eines*	*einer*

Im Gesprochenen können die Formen in (11) zu Schwasilben und weiter zu silbischen Nasalen reduziert werden. Dabei sind die reduzierten Formen einheitlicher als beim Definitartikel, da bei allen Formen die erste Silbe schwinden kann (bzw., bei den einsilbigen Formen, der Diphthong, so dass hier nur ein silbisches *n* übrig bleibt). Ein Paradigma ähnlich dem in (12) findet sich bereits bei Curme für die Formen des Indefinitartikels im Gesprochenen (1922/1952: 59):

(12) Formen des Indefinitartikels im Gesprochenen

	Mask	Neut	Fem
Nom	*n*	*n*	*ne*
Akk	*nen/n*	*n*	*ne*
Dat	*nem/m*	*nem/m*	*ner*
Gen	*(nes)*	*(nes)*	*(ner)*

Ob die Genitivformen von Maskulinum und Neutrum tatsächlich so wie von Curme angegeben reduziert werden können, ist allerdings fraglich (?*das Auto 'nes Nachbarn*). Bemerkenswert ist, dass Maskulinum Akkusativ und Dativ sowie Neutrum Dativ so weit reduziert werden können, dass ihre Form nicht von der des Definitartikels zu unterscheiden ist. So kann, je nach Kontext, (7) (vgl. 7.1) nicht nur *Er hat den Wagen vorgefahren*, sondern auch *Er hat einen Wagen vorgefahren* bedeuten. Bei einem Satz wie (13) kann nicht entschieden werden, ob '*m* eine reduzierte Form des Definitartikels oder des Indefinitartikels ist.

(13) Da kam 'n kleiner Junge auf'**m** Fahrrad.

Sobald *ein* die Funktion eines Zahlworts hat, wie in (14a), ist eine reduzierte Form nicht möglich – (14b) hat eine ganz andere Bedeutung als (14a).

(14) a. Ein Paket ging verloren, ein Paket kam an.
      b. 'n Paket ging verloren, 'n Paket kam an.

(15) zeigt, dass das Zahlwort *ein* ein Adjektiv ist, das wie jedes Adjektiv stark und schwach flektiert wird.

(15) a. Das eine Paket ging verloren, das andere Paket kam an.
      b. mit nur ein**em** Auto – mit dem ein**en** Auto

Ein von Indefinitartikel und Adjektiv verschiedenes Pronomen *ein* braucht nicht angenommen zu werden. Wie jedes Adjektiv, so kann bei Stoffsubstantiven auch das Adjektiv *ein* ohne Artikelwort stehen, wie in (16a). Der einzige Unterschied ist, dass das Adjektiv *ein* auch bei Gattungsbezeichnungen ohne Artikel stehen kann (16b).

(16) a. Ich habe nur **altes** Brot. –Ich habe nur **ein** Brot.
      b. *Ich habe nur altes Auto. – Ich habe nur altes Auto..

Wie andere Adjektive kann das Adjektiv *ein* (nicht aber der Artikel *ein*) auch in der so genannten Distanzstellung stehen wie in (17).

(17) Brot ist nur ein(e)s da. – Brot ist nur altes da.

Grundsätzlich liegt der Artikel *ein* immer dann vor, wenn die reduzierte Form möglich ist. Kann die reduzierte Form nicht stehen, ist *ein* ein Adjektiv.

7.3 Zusammenfassung

Das Deutsche hat zwei Artikel: den Definitartikel *der* und den Indefinitartikel *ein*.

- Hauptfunktion des Indefinitartikels ist das Einführen eines neuen Referenten in den Diskurs, Hauptfunktion des Definitartikels ist es zu signalisieren, dass der Referent bereits eingeführt ist.
- Das Paradigma des Definitartikels ist im Geschriebenen identisch mit dem Paradigma des Demonstrativums *der*.
- Im Gesprochenen weisen beide Artikel neben den Vollformen so genannte schwache oder reduzierte Formen auf.
- Nur die (reduzierten) Artikelformen kommen in Verschmelzungen mit Präpositionen vor.
- In Einzelfällen stimmen die reduzierten Formen von Definit- und Indefinitartikel lautlich überein.

- Kann eine Form von *ein* nicht reduziert werden, liegt das Adjektiv *ein(er)* vor.

Aufgabe 34: Geben Sie an, ob die Verschmelzung in den folgenden Sätzen (a) obligatorisch ist (d.h. nicht durch die unverschmolzene Form ersetzt werden kann) oder (b) fakultativ ist (d.h. ohne Bedeutungsänderung durch die unverschmolzene Form ersetzt werden kann) oder (c) eine andere Bedeutung hat als die unverschmolzene Form:
(i)   Alle sprechen übers Rauchen.
(ii)   Bist du schon mal im Theater gewesen?
(iii)   Christof kommt gerade vom Schwimmen.
(iv)   Das Bistro ist nur am Donnerstag geöffnet.
(v)   Hast du auch unters Bett geschaut?
(vi)   Die Chinesen wollen zum Mond fliegen.
(vii) Im Gegensatz zu China wollen die USA das nicht.
(viii) Morgen muss ich zum Zahnarzt.
(ix)   Vorm Haus steht ein Baum.

Aufgabe 35: a) Prüfen Sie, ob die reduzierte Artikelform in den folgenden Sätzen eine Form des Definit- oder des Indefinitartikels ist oder ob sie beides sein kann. b) Wenn beides möglich ist: Geben Sie je einen Kontext an, der die definite oder die indefinite Lesart erzwingt. Wie muss dieser Kontext jeweils beschaffen sein? Beachten Sie dazu die Aussagen über die Funktion des Artikels am Anfang dieses Kapitels.
(i)   Geh mal an'n Telefon!
(ii)   Geh mal ans Telefon!
(iii)   Günther hat sich 'n Bus gekauft.
(iv)   Ich bin grad am Telefon.
(v)   Ich bin grad an'm Telefon.
(vi)   Ich hab 'n Lehrer gesprochen.
(vii) Wir sind mit'm Auto nach Bamberg gefahren.

Grundbegriffe: Definitartikel, Indefinitartikel, Vollform, reduzierte Form, Verschmelzung.

Weiterführende Literatur: Bisle-Müller (1991); Himmelmann (1997); Vater (1979); zu Verschmelzungen: Dedenbach (1987); Nübling (1992).

8. Die Pronomina

Pronomina im engeren Sinne sind die Personalpronomina und das Reflexivpronomen (8.1), die (autonomen) Indefinitpronomina (8.2), die Pronomina *wer* und *was* (8.3) und die Relativpronomina (8.4). Die so genannten Demonstrativpronomina und die so genannten

Possessivpronomina können sämtlich sowohl als Begleiter als auch als Stellvertreter fungieren und wurden unter den Demonstrativa (6.1) und den Possessiva (6.3) besprochen.

8.1 Die Personalpronomina und das Reflexivpronomen

Die Personalpronomina der 1. und 2. Person unterscheiden sich so stark von den Personalpronomina der 3. Person, dass sie in neueren Grammatiken oft verschiedenen Subklassen der Wortklasse Pronomen zugeordnet werden. Der wichtigste semantische Unterschied ist, dass die Pronomina der 1. und 2. Person nicht Stellvertreter einer NP mit einem Substantiv als Kern, sondern deiktische, d.h. hinweisende, Wörter sind: *ich* bezieht sich auf den Sprecher, *du* auf den Hörer. Dagegen sind die Personalpronomina der 3. Person Stellvertreter einer Nominalphrase im selben Sinne wie beispielsweise das Demonstrativum *dieser*. Auch formal haben die Personalpronomina der 1. und 2. Person wenig mit denen der 3. Person gemein: Insbesondere flektieren sie, anders als die der 3. Person (vgl. (2)), nicht hinsichtlich Genus.

(1) Personalpronomen der 1. und 2. Person

	1. Pers			2. Pers.		
	Sg	Pl			Sg	Pl
Nom	*ich*	*wir*	Nom		*du*	*ihr*
Akk	*mich*	*uns*	Akk		*dich*	*euch*
Dat	*mir*	*uns*	Dat		*dir*	*euch*
Gen	*meiner*	*unser*	Gen		*deiner*	*euer*

Auffällig ist der Formzusammenfall von Akkusativ und Dativ im Plural, den wir sonst in der pronominalen Flexion nicht finden. Anzumerken ist, dass die Pluralformen nicht genau dieselbe Bedeutung haben wie Pluralformen sonst: *wir* bedeutet ‚ich und ein oder mehrere andere‘, *ihr* bedeutet ‚du und ein oder mehrere andere‘.

Das Personalpronomen der 3. Person flektiert im Singular zusätzlich nach Genus. Es weist dieselben Synkretismusfelder auf wie die Demonstrativa und andere pronominale Einheiten. Einzige Abweichung sind die unterschiedlichen Formen von Dativ und Genitiv beim Femininum, die ausschließlich hier vorkommen.

Anders als bei den anderen pronominalen Einheiten enden die Genitivformen aller Personalpronomina auf *-er*. Der Grund dürfte sein, dass Formen auf *-es* oder *-en* in der Regel nicht pronominal vorkommen (vgl. **der Anblick dieses/diesen* vs. *der Anblick dieser*).

(2)   Personalpronomen der 3. Person

	Mask	Neut	Fem	Plural
Nom	er	es	sie	sie
Akk	ihn	es	sie	sie
Dat	ihm	ihm	ihr	ihnen
Gen	seiner	seiner	ihrer	ihrer

In vielen Grammatiken wird für die 1., 2. und 3. Person ein Reflexivpronomen angesetzt, das in der 1. und 2. Person mit der Form
des Personalpronomens übereinstimme. Die Annahme einer von der
Personalpronomenform *mich* unterschiedenen Reflexivpronomenform *mich* ist jedoch nicht sinnvoll, da es keine formalen Unter-
schiede zwischen beiden gibt.

(3)   a. Er sieht mich.
      b. Ich sehe mich.

Wenn, wie in (3b), Subjekt und Objekt in Person und Numerus
übereinstimmen, dann kann das nur bedeuten, dass sich beide Formen auf denselben Referenten beziehen, da es (für den Sprecher)
eben nur ein „Ich" geben kann, d.h., es kann nur **Reflexivität** vorliegen. Nur in der 3. Person ist dieser zwangsläufige Rückbezug
nicht gegeben, da es viele verschiedene Gegenstände gibt, auf die
man sich mit der 3. Person beziehen kann. Nur hier ist also eine
spezielle Form erforderlich, die Reflexivität anzeigt.

(4)   a. Er sieht ihn. Er hilft ihm.
      b. Er sieht sich. Er hilft sich.

Eine Nominativform und eine Genitivform hat das Reflexivpronomen nicht, bei rückbezüglichem Genitivobjekt steht auch in der 3.
Person das Personalpronomen. (5a) kann also sowohl bedeuten,
dass Christof an sich selbst denkt, als auch, dass er an jemand ande-
res denkt.

(5)   a. Christof gedenkt seiner.
      b. *Christof gedenkt sich.

Die einzige Reflexivpronomenform ist mithin *sich*, das unveränderlich ist und für Akkusativ und Dativ in allen drei Genera im Singular und im Plural steht. Die Reflexivpronomenform kann als eine
zusätzliche Form des Paradigmas der Personalpronomina angesehen
werden.

   In der Grammatikschreibung umstritten ist die Klassifizierung
des Pronomens *man*. In den meisten Grammatiken wird *man* als

Indefinitpronomen angesehen; es gibt jedoch gute Gründe, es zu den Personalpronomina zu rechnen. Zu nennen sind die folgenden:

1. Das Pronomen *man* kann funktional äquivalent mit den Personalpronomina der 1., und 2. Person gebraucht werden, wie Eisenberg (2006b: 173) mit den Sätzen in (6) zeigt.

(6) a. Wenn ich die Gefahr kenne, muss ich mich doch anders verhalten.
    b. Wenn du die Gefahr kennst, musst du dich doch anders verhalten.
    c. Wenn man die Gefahr kennt, muss man sich doch anders verhalten.

Die Sätze (6a, b) können dasselbe bedeuten wie (6c). *Man* ist also, anders als ein Indefinitpronomen, häufig mit einem anderen Personalpronomen austauschbar.

2. Auf ein Indefinitpronomen kann man sich anaphorisch mit einem Personalpronomen der 3. Person beziehen. Bei *man* ist dies nicht möglich, es muss, wie die Personalpronomen der 1. und 2. Person immer wiederholt werden.

(7) a. **Jemand** fragt, was **er** tun kann.
    b. **Du** fragst, was **du** tun kannst. **Man** fragt, was **man** tun kann.

3. Anders als die Indefinitpronomina kann *man* nicht durch substantivierte Adjektive attribuiert werden (*jemand Nettes* vs. **man Nettes*). Allerdings ist auch eine Apposition wie bei den Personalpronomina der 1. und 2. Person (*ich Depp, du Süße*) nicht möglich.

4. Indefinitpronomina können Relativsätze als Attribute nehmen (*jemand, der draußen steht*). Bei den Personalpronomina der 1. und 2. Person muss in einem Relativsatz, der sich auf sie bezieht, das Personalpronomen wiederholt werden (8a). Für *man* wird allgemein angenommen, dass es jede Attribuierung ausschließt. Vereinzelt kommen jedoch Relativsätze zu *man* vor. In diesen Fällen muss, wie bei *ich* und *du*, das Pronomen im Relativsatz wiederholt werden, wie der Internetbeleg (8b) zeigt.

(8) a. du, die du immer bei mir bist
    b. Dann übersetzt man, der man in Englisch denkt, das Ganze auf Deutsch.

Von den übrigen Personalpronomina unterscheidet sich *man* vor allem darin, dass es nur als Subjekt vorkommt (im Akkusativ und Dativ wird *einer* statt *man* verwendet, einen Ersatz für die fehlende Genitivform gibt es nicht) und dass es (wie die Indefinitpronomina) ein festes Genus hat: *man* ist ein Maskulinum, wie der Relativsatz in (8b) zeigt. Insgesamt hat *man* aber deutlich mehr Eigenschaften mit den Personalpronomina als mit den Indefinitpronomina gemeinsam, so dass wir es zu den Personalpronomina rechnen

8.2 Die Indefinitpronomina

Anders als die in 6.2 besprochenen Indefinita, die sowohl die Funktion eines Begleiters als auch die eines Stellvertreters haben können (und die in den meisten Grammatiken ebenfalls als „Indefinitpronomen" bezeichnet werden), können die hier zu besprechenden Indefinitpronomina nur autonom verwendet werden. Das Inventar der Indefinitpronomina in diesem Sinne umfasst die Wörter in (9).

(9)   a. jemand, irgendwer, irgendjemand, niemand; jedermann
      b. etwas, irgendwas, irgendetwas, nichts

Die Pronomina in (9) sind, wie die Substantive, „genusfest", d.h., sie werden, anders als die Artikelpronomina (vgl. Kap. 6) nicht hinsichtlich Genus flektiert. Die Pronomina in (9a) sind Maskulina, die in (9b) sind Neutra. Das Genus der Pronomina zeigt sich am Genus des Relativpronomens, das sich auf das Pronomen bezieht:

(10) a. jemand/irgendwer/irgendjemand/niemand/jedermann, der (*das/*die) weiß, was los ist
     b. etwas/irgendwas/irgendetwas/nichts, das (*der/*die) dich etwas angeht

Semantisch dienen die Maskulina in (9a) zum Referieren auf Personen, die Neutra in (9b) zum Referieren auf Unbelebtes. Eine Differenzierung hinsichtlich des **Sexus** (natürliches Geschlecht) wie bei den Substantiven gibt es bei den Indefinitpronomina nicht, d.h., mit den Pronomina in (9a) kann man sich sowohl auf männliche als auch auf weibliche Personen beziehen; auch wenn nur Frauen als Referenten in Frage kommen, heißt es standardsprachlich korrekt *Jemand/niemand hat seinen* (nicht: *ihren*) *Lippenstift vergessen*.

Die Indefinitpronomina flektieren, wenn überhaupt, nur hinsichtlich Kasus, sie haben keinen Plural. Das Indefinitpronomen *jedermann* flektiert ähnlich wie das Substantiv *Mann* (lediglich das fakultative Dativ-*e* ist nicht möglich).

(11) Deklination von *jedermann*

Nom	*jedermann*
Akk	*jedermann*
Dat	*jedermann*
Gen	*jedermanns*

Auch *jemand*, *irgendjemand* und *niemand* können substantivisch flektiert werden, daneben ist aber auch die pronominale Flexion möglich. Dabei ist die substantivische Flexion die ältere, die noch im Frühneuhochdeutschen (1350-1650 n.Chr.) vorherrschend war.

(12) Flexion von *jemand, irgendjemand, niemand*

    a. substantivisch   b. pronominal

Nom	*jemand*		Nom	*jemand*
Akk	*jemand*		Akk	*jemanden*
Dat	*jemand*		Dat	*jemandem*
Gen	*jemandes*		Gen	*jemandes*

Irgendwer wird wie *wer* flektiert (vgl. 8.3). Die neutralen Indefinit-pronomina in (9b) sind unveränderlich. Sie können mit dem Wert eines Nominativs wie in (13a), eines Akkusativs wie in (13b) und nach Präpositionen mit dem Wert eines Dativs wie in (13c), nicht aber mit dem Wert eines Genitivs wie in (13d) auftreten:

(13) a. Etwas/nichts ist faul.
     b. Sie hat etwas/nichts gesehen.
     c. Ich habe einfach mit etwas/nichts angefangen.
     d. Wir erinnern uns *etwas/*nichts.

Mit Ausnahme von *jedermann* können die Indefinitpronomina mit einem substantivierten Adjektiv auftreten wie in (14).

(14) a. Es gab jemand/niemand Nettes, der (*das) mir geholfen hat.
     b. Es gab etwas/nichts Gutes, das mir geholfen hat.

Dass das Pronomen Kern der Konstruktion ist (und auch hier also die Stellvertreter-, nicht die Begleiterfunktion hat), ergibt sich dar-aus, dass das Genus des Relativpronomens in (14a) vom Genus von *jemand/niemand* bestimmt ist, nicht von dem neutralen Genus von *Nettes*.

    Zur Verwendung von *welcher* in der Funktion eines Indefinit-pronomens vgl. 7.4, zur Verwendung von *wer* und *was* in der Funk-tion von Indefinitpronomina vgl. 8.3.

8.3 *wer* und *was*

Die primäre Funktion der Pronomen *wer* und *was* ist die als **Inter-rogativpronomen** wie in (15).

(15) a. Wer hat das getan?
     b. Wen hast du getroffen?
     c. Was haben Sie gesehen?

Die Frage, ob es nur ein Interrogativpronomen mit Formen wie *wer* und *was* gibt, oder ob *wer* und *was* zwei verschiedene Pronomina sind, ist umstritten. Wir vertreten die Auffassung, dass, analog zu den Indefinitpronomina (s. 8.2) *wer* (wie *jemand* und *niemand*) ein flektierbares Maskulinum ist, *was* (wie *etwas* und *nichts*) ein nichtflektierbares Neutrum. Wie bei den Indefinitpronomina gibt es keine feminine Form, und ebenso bezieht sich die maskuline Form auf Personen, die neutrale Form auf Unbelebtes.

Die Kasusformen des Maskulinums sind unstrittig – für jeden Kasus gibt es eine spezielle Form. Wie das Indefinitpronomen *etwas* kann auch *was* den Wert eines Nominativs und eines Akkusativs haben, und es kommt nach Präpositionen vor, die den Dativ regieren, wie in (16a, b) (Eisenberg 2006b: 188). Als Dativobjekt ist *was*, wie *etwas*, in der Regel nicht möglich – *Was hilfst du?* analog zu *Wem hilfst du?* ist ungrammatisch. Nur in Koordination mit *wem* kann *was* als Dativobjekt fungieren, wie (16c) zeigt.

(16) a. An was hältst du dich fest? – Am Geländer.
      b. In was hast du dich getäuscht? – In der Haltbarkeit des Geländers.
      c. Wem oder was haben wir das zu verdanken?

In manchen Grammatiken wird *wessen* nicht nur als Genitivform von *wer*, sondern auch als Genitiv von *was* angesehen. Attributives *wessen* ist jedoch ausgeschlossen, wenn es sich auf Unbelebtes bezieht, wie in (17a), und auch nach Präpositionen, die den Genitiv regieren, kann *wessen* nicht stehen, wenn nach Unbelebtem gefragt wird (17b). Lediglich in der Funktion eines Genitivobjekts kann mit *wessen* nach Unbelebtem gefragt werden (17c). Wir interpretieren das so, dass in Fällen wie (17c) der Genitiv von *wer* die fehlende Genitivform des indeklinablen *was* ersetzt.

(17) a. *Wessen Einbau erfolgt nächste Woche? (Der Einbau der Küche)
      b. *Infolge wessen versagten die Bremsen? (Infolge einer Überhitzung)
      c. Wessen wurde er angeklagt?

Wie das Artikelpronomen *welcher*, so kommen auch *wer* und *was* in der Funktion eines Indefinitpronomens vor. Die Verwendung von *wer* in dieser Funktion wie in (18) (Engel 2004: 378) gilt als umgangssprachliche Variante von *jemand*.

(18) War vorhin wer da?
      Haben Sie wen gesehen?
      Ich hab wem beim Graben zugesehen.

Die Verwendung von *was* in der Funktion eines Indefinitpronomens ist als eine umgangssprachliche Variante von *etwas* anzusehen. Das zweite Vorkommen von *was* in (19b) ist *was* in der Funktion eines Relativpronomens (vgl. dazu 8.4.).

(19) a. Er musste noch was erledigen.
      b. Ich sehe was, was du nicht siehst.

8.4 Die Relativpronomina

In den Grammatiken des Deutschen werden drei verschiedene Relativpronomina unterschieden, nämlich *der*, *welcher* und *wer* bzw. *was*. Keines dieser Wörter kommt nur als Relativpronomen vor. Die Formen von *der* sind identisch mit jenen des Demonstrativums *der* in autonomer Verwendung, wie (20) zeigt. Das liegt daran, dass das Relativpronomen historisch auf das Demonstrativpronomen zurückgeht.

(20) Flexion des Relativpronomens *der*

	Mask	Neut	Fem	Pl
Nom	der	das	die	die
Akk	den	das	die	die
Dat	dem	dem	der	denen
Gen	dessen	dessen	deren	deren

Der Unterschied zwischen dem Demonstrativum *der* und dem Relativpronomen *der* ist syntaktischer Natur. Anders als das Demonstrativum ist das Relativpronomen subordinierend, der Relativsatz ist ein Nebensatz mit Verbletztstellung, wie der Vergleich von (21a) und (21b) (nach Eisenberg 2006b: 268) zeigt. In (21b) ist das Relativpronomen Akkusativobjekt des Relativsatzes.

(21) a. Sie ging zu einem Notar; den hatte sie noch nie gesehen.
     b. Sie ging zu einem Notar, den sie noch nie gesehen hatte.

Das zweite Pronomen, das die Funktion eines Relativpronomens haben kann, ist *welcher*. Es flektiert in der Funktion als Relativpronomen nicht anders als in der Funktion als Artikelpronomen (vgl. 6.4). Laut Duden (2009: 303) gehört dieser Gebrauch „vornehmlich der geschriebenen Standardsprache an" und kommt hauptsächlich vor, „wenn durch die Verwendung von *der/die/das* mehrere gleichlautende Pronomen oder Artikel nebeneinander stünden", wie in (22).

(22) Er hob das Blatt auf, welches das Kind verloren hatte (statt: das das Kind verloren hatte)
     Die, welche die (statt: Die, die die) falschen Banknoten in Umlauf gebracht hatten, wurden bestraft.

Das dritte Pronomen, das als Relativpronomen vorkommt, ist *wer* bzw. *was*. Die Flexion dieser Relativpronomina ist wiederum identisch mit der Flexion der Interrogativpronomina (vgl. 8.3). Neutrales *was* wird anstelle von *das* benutzt, wenn der Relativsatz sich auf ein neutrales Indefinitum oder Indefinitpronomen oder auf einen Satz bezieht.

(23) a. Ich sehe etwas, was du nicht siehst.
 b. Er hat die Arbeit fast beendet, was ihn sehr freut.

Außerdem können mit *wer* und *was* so genannte freie Relativsätze gebildet werden. Das sind Relativsätze, die kein Bezugswort im übergeordneten Satz haben.

(24) a. Wer das tut, den haun wir auf den Hut. (= Denjenigen, der das tut, den haun wir auf den Hut.)
 b. Ich kaufe, was mir noch fehlt, heute abend. (= Ich kaufe das, was mir noch fehlt, heute abend.

Freie Relativsätze können nur mit *wer* und *was*, nicht mit den Relativpronomina *der* und *welcher* eingeleitet werden.

8.5 Zusammenfassung

Pronomina (im engeren Sinne) kommen nur autonom, also als Nominalphrase vor. Dies sind die Personalpronomina, das Reflexivpronomen *sich*, die Indefinitpronomina, die Pronomina *wer* und *was* und die Relativpronomina.

- Die Personalpronomina der 1. und 2. Person flektieren nur nach Numerus und Kasus, die der 3. Person auch nach Genus.
- Einziges Reflexivpronomen ist *sich*, das nur in dieser Form vorkommt und für Akkusativ und Dativ aller Genera und des Plurals steht. *Sich* kann als zusätzliche Personalpronomenform aufgefasst werden.
- Ein weiteres Personalpronomen ist *man*, das zwar auch Eigenschaften von Indefinitpronomina hat, jedoch mehr Gemeinsamkeiten mit den Personalpronomina aufweist.
- Indefinitpronomina sind die Maskulina *jemand, irgendwer, irgendjemand, niemand, jedermann* und die Neutra *etwas, irgendetwas, irgendwas, nichts*. Die Maskulina sind deklinierbar, die Neutra indeklinabel. Die Maskulina referieren auf Personen, die Neutra auf Unbelebtes.
- Die Pronomen *wer* und *was* haben primär die Funktion von Interrogativpronomen und dienen daneben als Indefinit- und als Relativpronomen. *Wer* ist (deklinierbares) Maskulinum und bezieht sich auf Personen, *was* ist indeklinables Neutrum und bezieht sich auf Unbelebtes.
- Die Relativpronomina sind *der, welcher* sowie *wer* und *was*. Sie flektieren wie das Demonstrativum *der*, das Interrogativum *welcher* und die Interrogativpronomen *wer* und *was*.

Aufgabe 36: (i) Harald (zu Ludwig und Irene): Was wollen wir jetzt machen? Ludwig (zu Harald): (a) **Wir** gehen nach Hause. Was **du** machst, weiß ich nicht. (b) Wir könnten ja ins Kino gehen. Hast du Lust? In 8.1 heißt es, *wir* bedeute ‚ich und ein oder mehrere andere'. In (ia) wird *wir* offenbar anders verwendet als in (ib). Wie könnte man die beiden Verwendungsweisen beschreiben?

Aufgabe 37: In Sätzen wie *Ich kenne einen gewissen Jemand, Christoph ist doch ein Niemand, Da war ein kleines Etwas, Die Straße endet im Nichts* werden die Indefinitpronomina nicht entsprechend der Definition verwendet. Ist es dennoch gerechtfertigt, *jemand, niemand, etwas* und *nichts* als Pronomina zu kategorisieren?

Aufgabe 38: Die Frage *Wer hat sein Versprechen gehalten?* kann man sowohl mit *Der Minister hat sein Versprechen gehalten* als auch mit *Das Ministerium hat sein Versprechen gehalten* beantworten, die Frage *Was hat seinen Höhepunkt erreicht?* sowohl mit *Der Boom hat seinen Höhepunkt erreicht* als auch mit *Das Desaster hat seinen Höhepunkt erreicht*. Eisenberg (2006b: 188) leitet daraus ab, dass es nicht entscheidbar sei, ob die Interrogativpronomina *wer* und *was* Maskulinum oder Neutrum seien. Wie bewerten Sie diese Aussage? Gibt es eine Möglichkeit, nachzuweisen, dass *wer* tatsächlich maskulin, *was* neutral ist?

Grundbegriffe: Personalpronomen, Reflexivpronomen, Reflexivität, Indefinitpronomen, Sexus, Interrogativpronomen, Relativpronomen.

Weiterführende Literatur: Zu den Personalpronomina: Wiese (1994); zum Reflexivpronomen: Eisenberg (2006b); zu *man*: Zifonun (2000); zu den Indefinitpronomina: Haspelmath (1997), Thieroff (2012); zu *wer* und *was*: Pittner (1996), Thieroff (2011).

Literatur

Neue Auflagen ansehen

Askedal, John Ole (1984): Grammatikalisierung und Auxiliarisierung im sogenannten 'bekommen/kriegen/erhalten-Passiv' des Deutschen. In: Kopenhagener Beiträge zur Linguistik 22, 5-47.

Augst, Gerhard (1979): Neuere Forschungen zur Substantivflexion. In: Zeitschrift für Germanistische Linguistik 7, 220-232.

Bausch, Karl-Heinz (1979): Modalität und Konjunktivgebrauch in der gesprochenen deutschen Standardsprache. Sprachsystem, Sprachvariation und Sprachwandel im heutigen Deutsch. Teil 1. München: Hueber.

Bech, Gunnar (1983): Studien über das deutsche Verbum infinitum. 2. unveränd. Aufl. Tübingen: Niemeyer.

Bisle-Müller, Hansjörg (1991): Artikelwörter im Deutschen. Semantische und pragmatische Aspekte ihrer Verwendung. Tübingen: Niemeyer.

Bittner, Andreas (1996): Starke ‚schwache‘ Verben schwache ‚starke‘ Verben. Deutsche Verbflexion und Natürlichkeit. Tübingen: Stauffenburg.

Bornschein, Matthias/Butt, Matthias (1987): Zum Status des s-Plurals im gegenwärtigen Deutsch. In: Abraham, W./Århammer, R. (Hgg.): Linguistik in Deutschland. Tübingen, 135-153.

Brinker, Klaus (1971): Das Passiv im heutigen Deutsch. Form und Funktion. München, Düsseldorf: Hueber.

Curme, George O. (1952): A Grammar of the German Language. Second Revised Edition. Seventh Printing. New York: Ungar.

Dedenbach, Beate (1987): Reduktions- und Verschmelzungsformen im Deutschen. Schwache Formen bei Artikeln und Pronomina. Frankfurt am Main usw.: Lang.

Diewald, Gabriele (1999): Die Modalverben im Deutschen. Grammatikalisierung und Polyfunktionalität. Tübingen: Niemeyer.

Donhauser, Karin (1986): Der Imperativ im Deutschen. Studien zur Syntax und Semantik des deutschen Modussystems. Hamburg: Buske.

Duden (2009): Die Grammatik. Unentbehrlich für richtiges Deutsch. 8., überarbeitete Auflage. Herausgegeben von der Dudenredaktion. Duden Band 4. Mannheim usw.: Dudenverlag.

Dürscheid, Christa (2002): „Polemik satt" und „Wahlkampf pur" – Das postnominale Adjektiv im Deutschen. In: Zeitschrift für Sprachwissenschaft 21, 57-81.

Eisenberg, Peter (2002): Zur Morphologie von Adjektiv und Adverb im Deutschen. In: F. Schmöe (Hg.): Das Adverb – Zentrum und Peripherie einer Wortart. Wien: Edition Praesens, 61–76.

Eisenberg, Peter (2006a): Grundriss der deutschen Grammatik. Band 1: Das Wort. 3., durchgesehene Auflage. Stuttgart/Weimar: Metzler. *Neuere Auflage*

Eisenberg, Peter (2006b): Grundriss der deutschen Grammatik. Band 2: Der Satz. 3., durchgesehene Auflage. Stuttgart/Weimar: Metzler.

Engel, Ulrich (2004): Deutsche Grammatik. Neubearbeitung. München: Iudicium.

Fuhrhop, Nanna (2003): ‚Berliner‘ Luft und ‚Potsdamer‘ Bürgermeister: Zur Grammatik der Stadtadjektive. In: Linguistische Berichte 193, 91-108.

Fuhrhop, Nanna/Teuber, Oliver (2000): Das Partizip 1 als adjektivischer Infinitiv. In: Bittner, Andreas/Bittner, Dagmar/Köpcke, Klaus-Michael (Hgg.): Angemessene Strukturen: Systemorganisation in Phonologie, Morphologie und Syntax. Hildesheim usw.: Olms, 173-190.

Fuhrhop, Nanna/Vogel, Petra M. (2010): Analytisches und Synthetisches im deutschen Superlativ. In: Bittner, Dagmar/Gaeta, Livio (Hgg.): Kodierungstechniken im Wandel: Das Zusammenspiel von Analytik und Synthese im Gegenwartsdeutschen. Berlin/New York: de Gruyter, 83-98.

Glinz, Hans (1973): Die innere Form des Deutschen. Eine neue deutsche Grammatik. 6. durchgesehene Auflage. Bern, München: Francke.

Haspelmath, Martin (1997): Indefinite Pronouns. Oxford: Clarendon.

Heidolph, Karl-Erich/Flämig, Walter/Motsch, Wolfgang (1981): Grundzüge einer deutschen Grammatik. Berlin: Akademie-Verlag.

Helbig, Gerhard/Buscha, Joachim (2001): Deutsche Grammatik. Ein Handbuch für den Ausländerunterricht. Berlin usw.: Langenscheidt.

Hentschel, Elke/Weydt, Harald (2003): Handbuch der deutschen Grammatik. 3., völlig neu bearbeitete Auflage. Berlin/New York: de Gruyter.

Himmelmann, Nikolaus P. (1997): Deiktikon, Artikel, Nominalphrase. Zur Emergenz syntaktischer Struktur. Tübingen: Niemeyer.

Jäger, Siegfried (1971): Der Konjunktiv in der deutschen Sprache der Gegenwart. Untersuchung an ausgewählten Texten. München: Hueber.

Jäntti, Ahti (1978): Zum Reflexiv und Passiv im heutigen Deutsch. Eine syntaktische Untersuchung mit semantischen Ansätzen. Helsinki: Suomalainen Tiedeakatemia.

Jørgensen, Peter (1966): German Grammar III. London: Heinemann.

Köpcke, Klaus-Michael (1995): Die Klassifikation der schwachen Maskulina in der deutschen Gegenwartssprache. Ein Beispiel für die Leistungsfähigkeit der Prototypentheorie. In: Zeitschrift für Sprachwissenschaft 14, 159-180.

Latzel, Sigbert (1977): Die deutschen Tempora Perfekt und Präteritum. Eine Darstellung mit Bezug auf Erfordernisse des Faches Deutsch als Fremdsprache. Ismaning: Hueber.

Leirbukt, Oddleif (1981): 'Passivähnliche' Konstruktionen mit *haben* + Partizip II im heutigen Deutsch. In: Deutsche Sprache 9, 119-146.

Leirbukt, Oddleif (1997): Untersuchungen zum *bekommen*-Passiv im heutigen Deutsch. Tübingen: Niemeyer.

Lenz, Barbara (1995): *un*-Affizierung. Unrealisierbare Argumente, unausweichliche Fragen, nicht unplausible Antworten. Tübingen: Narr.

Litvinov, Viktor P./Radčenko, Vladimir I. (1998): Doppelte Perfektbildungen in der deutschen Literatursprache. Tübingen: Stauffenburg.

Löbel, Elisabeth (1996): Kategorisierung der Possessiva als Adjektive in der NP/DP. In: Tappe, Hans Thilo/Löbel, Elisabeth (Hgg.): Die Struktur der Nominalphrase. Wuppertaler Arbeiten zur Sprachwissenschaft 12. Wuppertal: Bergische Universität-Gesamthochschule Wuppertal, 58-94.

Matzel, Klaus/Ulvestad, Bjarne (1982): Futur I und futurisches Präsens. In: Sprachwissenschaft 7, 282 - 328.

Mayerthaler, Willi (1981): Morphologische Natürlichkeit. Wiesbaden: Athenaion.

Nübling, Damaris (1992): Klitika im Deutschen. Schriftsprache, Umgangssprache, alemannische Dialekte. Tübingen: Narr.

Pafel, Jürgen (1995): Zur syntaktischen Struktur nominaler Quantoren. In: Zeitschrift für Sprachwissenschaft 13, 236-275.

Pape-Müller, Sabine (1980): Textfunktionen des Passivs. Untersuchungen zur Verwendung von grammatisch-lexikalischen Passivformen. Tübingen: Niemeyer.

Petrova, Svetlana (2008): Die Interaktion von Tempus und Modus. Studien zur Entwicklungsgeschichte des deutschen Konjunktivs. Heidelberg: Winter.

Pittner, Karin (1996): Zur morphologischen Defektivität des Pronomens *wer*. In: Deutsch als Fremdsprache 33, 73-77.

Plank, Frans (1992): Possessives and the distinction between determiners and modifiers (with special reference to German). In: Journal of Linguistics 28, 453-468.

Raffelsiefen, Renate (2002): Imperatives: The relation between meaning and form. In: Restle, David/Zaefferer, Dietmar (Hgg.): Sounds and Systems. Berlin/New York: de Gruyter, 319-345

Rapp, Irene (1997): Partizipien und semantische Struktur. Zu passivischen Konstruktionen mit dem 3. Status. Tübingen: Stauffenburg

Reichenbach, Hans (1966): Elements of Symbolic Logic. New York: Macmillan.

Rödel, Michael (2007): Doppelte Perfektbildungen und die Organisation von Tempus im Deutschen. Tübingen: Stauffenburg.

Rothstein, Björn (2007): Tempus. Heidelberg: Winter. (KEGLI 5)

Schoenthal, Gisela (1976): Das Passiv in der deutschen Standardsprache. Darstellung in der neueren Grammatiktheorie und Verwendung in Texten gesprochener Sprache. München: Hueber.

Stenschke, Oliver (2007): „Ende diesen Jahres": Die Flexionsvarianten von Demonstrativpronomina als ein Beispiel für Degrammatikalisierung. Deutsche Sprache 1. 63–85.

Teuber, Oliver (2005): Analytische Verbformen im Deutschen. Syntax – Semantik – Grammatikalisierung. Hildesheim etc.: Olms

Thieroff, Rolf (1992): Das finite Verb im Deutschen. Tempus – Modus – Distanz. Tübingen: Narr.

Thieroff, Rolf (2006): Unflektierte Substantive sind nicht infinit. In: Zeitschrift für germanistische Linguistik 34, 328-353.

Thieroff, Rolf (2009): Über den Pluralumlaut beim Substantiv. In: Eins, Wieland/Schmöe, Friederike (Hg.): Wie wir sprechen und schreiben. Festschrift für Helmut Glück zum 60. Geburtstag. Wiesbaden: Harrassowitz. 29–43.

Thieroff, Rolf (2010): Mood in German. In: Rothstein, Björn/Thieroff, Rolf (Hg.): Mood in the Languages of Europe. Amsterdam/Philadelphia: Benjamins. 133–154.

Thieroff, Rolf (2011): "*Wer* und *was*". Germanistische Mitteilungen 37.

Thieroff, Rolf (2012): Die indeklinablen neutralen Indefinitpronomina. *Etwas, was, irgendetwas, irgendwas* und *nichts*. In: Rothstein, Björn (Hg.): Nicht-flektierende Wortarten. Berlin: Mouton de Gruyter. 117–147.

Vater, Heinz (1975): *Werden* als Modalverb. In: Calbert, Joseph P./Vater, Heinz: Aspekte der Modalität. Tübingen: Narr, 71-148.

Vater, Heinz (1979): Das System der Artikelformen im gegenwärtigen Deutsch. 2. Auflage. Tübingen: Niemeyer.

Vogel, Petra M. (2006): Das unpersönliche Passiv. Eine funktionale Untersuchung unter besonderer Berücksichtigung des Deutschen und seiner historischen Entwicklung. Berlin/New York: de Gruyter.

Wegener, Heide (1995): Die Nominalflexion des Deutschen – verstanden als Lerngegenstand. Tübingen: Niemeyer.

Wellmann, Hans (2008): Deutsche Grammatik. Laut. Wort. Satz. Text. Heidelberg: Winter.

Weinrich, Harald (2001): Tempus. Besprochene und erzählte Welt. 6. Auflage. München: Beck.

Wiese, Bernd (1994): Die Personal- und Numerusendungen der deutschen Verbformen. In: Köpcke, Klaus-Michael (Hg.): Funktionale Untersuchungen zur deutschen Nominal- und Verbalmorphologie. Tübingen: Niemeyer, 161-191.

Wiese, Bernd (1996): Iconicity and Syncretism. On Pronominal Inflection in Modern German. In: Sackmann, Robin (Hg.): Theoretical Linguistics and Grammatical Description. Papers in Honour of Hans-Heinrich Lieb. Amsterdam/Philadelphia: Benjamins, 323-344.

Wiese, Bernd (2000): Warum Flexionsklassen? Über die deutsche Substantivdeklination. In: Thieroff, Rolf/Tamrat, Matthias/Fuhrhop, Nanna/Teuber, Oliver (Hgg.) Deutsche Grammatik in Theorie und Praxis. Tübingen: Niemeyer, 139-153

Wurzel, Wolfgang Ullrich (1984): Flexionsmorphologie und Natürlichkeit. Ein Beitrag zur morphologischen Theoriebildung. Berlin: Akademie. (Studia grammatica XXI)

Zifonun, Gisela (2000): „*Man lebt nur einmal*". Morphosyntax und Semantik des Pronomens *man*. Deutsche Sprache 3/2000. 232–253.

Zifonun, Gisela/Hoffmann, Ludger/Strecker, Bruno und andere (1997): Grammatik der deutschen Sprache. 3 Bände. Berlin/New York: de Gruyter.

Glossar

Ablaut: Vokalwechsel, der bei starken Verben im Präteritum und/oder Partizip II auftritt (z.B. *singen –sang – gesungen, reiten – ritt – geritten*).

Adhortativ: Aufforderung an die 1. Person Plural zur gemeinsamen Aktion, im Deutschen unter anderem ausgedrückt durch die 1. Person Plural Konjunktiv Präsens.

Adjektiv: Flektierende Wortart mit den Merkmalklassen Numerus, Kasus, Genus, Komparation und einer Merkmalklasse mit den Merkmalen stark/schwach.

adnominal: substantivbegleitend

Agens (Handelnder)**:** Semantische Rolle, die im Aktiv im Subjekt steht.

Akkusativ (Wen-Fall)**:** Grammatisches Merkmal der Merkmalklasse Kasus bei allen deklinierbaren Wortarten.

Aktiv: Grammatisches Merkmal der Merkmalklasse Genus Verbi bei der Wortart Verb; das Aktiv ist das unmarkierte Genus Verbi.

analytisch: Zusammengesetzte Formen wie z.B. im Tempus- oder Passivbereich.

Artikel: Flektierende Wortart mit den Unterkategorien definit und indefinit und den Merkmalklassen Genus, Kasus und Numerus.

Artikelpronomen: Flektierende Wortart mit den Merkmalklassen Genus, Kasus und Numerus und den Unterkategorien Demonstrativum, Indefinitum und Possessivum.

***bekommen*-Passiv:** s. Rezipientenpassiv.

Dativ (Wem-Fall)**:** Grammatisches Merkmal der Merkmalklasse Kasus bei allen deklinierbaren Wortarten.

Deklination: Flexion hinsichtlich Kasus und Numerus bei den Wortarten Substantiv, Adjektiv, Pronomen und Artikel.

Deklinationsklasse: Einteilung der Substantive in Flexionsmuster hinsichtlich ihrer Kasus- und Numerusbildung (u.a. stark, schwach, gemischt).

Doppelperfekt: Grammatisches Merkmal der Merkmalklasse Tempus beim Verb; das Doppelperfekt wird analytisch mit den Hilfsverben *haben* oder *sein* im Präsens und dem Infinitiv Perfekt gebildet (z.B. *Ich habe gekauft gehabt, Ich bin gelaufen gewesen*).

Doppelplusquamperfekt: Grammatisches Merkmal der Merkmalklasse Tempus beim Verb; das Doppelplusquamperfekt wird analytisch mit den Hilfsverben *haben* oder *sein* im Präteritum und dem Infinitiv Perfekt gebildet (z.B. *Ich hatte gekauft gehabt, Ich war gelaufen gewesen*).

Ersatzinfinitiv: Infinitivform, die die Partizipien II von Modalverben annehmen, wenn sie mit einem weiteren Verb stehen, z.B. *Ich habe das machen müssen.*

Femininum (weiblich)**:** Grammatisches Merkmal der Merkmalklasse Genus bei deklinierbaren Wortarten.

finit: Flexionsformen der Wortart Verb, die das Merkmal Person enthalten (Gegensatz: infinit).

Futur I: Grammatisches Merkmal der Merkmalklasse Tempus beim Verb; das Futur I wird analytisch mit dem Hilfsverb *werden* im Präsens gebildet (z.B. *Ich werde laufen*).

Futur II: Grammatisches Merkmal der Merkmalklasse Tempus beim Verb; das Futur II wird analytisch mit dem Hilfsverb *werden* im Präsens und dem Infinitiv Perfekt gebildet (z.B. *Ich werde gelaufen sein*).

Genitiv (Wes-Fall)**:** Grammatisches Merkmal der Merkmalklasse Kasus bei allen deklinierbaren Wortarten.

Genus (grammatisches Geschlecht)**:** Merkmalklasse bei allen deklinierbaren Wortarten mit den Merkmalen Maskulinum, Neutrum und Femininum.

Genus Verbi: Merkmalklasse des Verbs mit den Merkmalen Aktiv und Passiv, bei denen im Subjekt entweder das Agens (Aktiv) oder das Patiens (Passiv) steht.

Hilfsverb: Die Verben *haben, sein, werden,* wenn sie „helfen", die zusammengesetzten Tempora (z.B. Perfekt) bzw. die grundsätzlich zusammengesetzten Passivformen zu bilden.

Homonymie: Vorliegen gleicher Aussprache und Orthographie bei unterschiedlicher Bedeutung, z.B. *singen* (Infinitiv) und *(sie) singen* (3. Person Plural Präsens Indikativ Aktiv.

Imperativ (Befehlsform)**:** Grammatisches Merkmal der Merkmalklasse Modus bei der Wortart Verb; es existiert nur eine Singular- und eine Pluralform (z.B. *Geh(e)!, Geht!*).

Indikativ (Wirklichkeitsform)**:** Grammatisches Merkmal der Merkmalklasse Modus bei der Wortart Verb; der Indikativ ist der unmarkierte Modus.

infinit: Flexionsformen der Wortart Verb, die nicht das Merkmal Person enthalten, d.h. Infinitiv und Partizip II (Gegensatz: finit).

Infinitiv: Infinite Flexionsform der Wortart Verb (z.B. *singen, gesungen worden sein*).

Kasus: Merkmalklasse bei allen deklinierbaren Wortarten mit den Merkmalen Nominativ, Akkusativ, Dativ und Genitiv.

Komparation: Merkmalklasse bei Adjektiven mit den Merkmalen Positiv, Komparativ und Superlativ.

Komparativ (Vergleichsstufe)**:** Grammatisches Merkmal der Merkmalklasse Komparation bei der Wortart Adjektiv; der Komparativ ist gegenüber dem Positiv markiert (z.B. *schöner*).

Kongruenz: Übereinstimmung in Flexionsmerkmalen oder grammatischen Merkmalen, z.B. kongruiert im Deutschen das finite Verb in Numerus und Person immer mit dem Subjekt.

Konjugation: Flexion hinsichtlich Person, Numerus, Tempus, Modus, Genus Verbi bei der Wortart Verb.

Konjunktiv (Möglichkeitsform)**:** Grammatisches Merkmal der Merkmalklasse Modus bei der Wortart Verb; der Konjunktiv ist gegenüber dem Indikativ der markierte Modus.

Konjunktiv I: Sammelbezeichnung für Konjunktive mit dem finiten Verb im Präsens, d.h. für Konjunktiv Präsens, Perfekt, Doppelperfekt, Futur I und Futur II.

Konjunktiv II: Sammelbezeichnung für Konjunktive mit dem finiten Verb im Präteritum, d.h. Konjunktiv Präteritum, Plusquamperfekt Doppelplusquamperfekt und *würde*-Konjunktiv.

Kopulaverb: Die semantisch relativ inhaltsleeren Verben wie *sein, werden* und *bleiben,* wenn sie Subjekt und Prädikativum miteinander verknüpfen, z.B. *Ich bin müde. Sie wird Linguistin.*

Maskulinum (männlich)**:** Grammatisches Merkmal der Merkmalklasse Genus bei allen deklinierbaren Wortarten.

Merkmal: Bestandteile von Merkmalklassen; Singular und Plural sind die Merkmale der Merkmalklasse Numerus; statt Merkmal auch: grammatische Kategorie.

Merkmalklasse: Zusammenfassung von grammatischen Merkmalen; die grammatischen Merkmale Singular und Plural gehören zur Merkmalklasse Numerus; statt Merkmalklasse auch: grammatische Kategorie, Kategorisierung.

Modus: Merkmalklasse des Verbs mit den Merkmalen Indikativ, Konjunktiv und Imperativ, die anzeigen, wie der Sprecher einen Sachverhalt hinsichtlich der Wirklichkeit einschätzt.

Neutrum (sächlich): Grammatisches Merkmal der Merkmalklasse Genus bei allen deklinierbaren Wortarten.

Nominalphrase (NP): Phrase, die ein Substantiv oder ein Pronomen als Kopf enthält.

Nominativ (Wer-Fall): Grammatisches Merkmal der Merkmalklasse Kasus bei allen deklinierbaren Wortarten; der Nominativ ist der unmarkierte Kasus.

Numerus: Merkmalklasse bei allen flektierbaren Wortarten mit den Merkmalen Singular und Plural.

Paradigma: Menge von Flexionsformen, die nach demselben Flexionsmuster gebildet sind. Man spricht dann von einem Flexionsparadigma.

Partizip I: Ursprünglich infinite Flexionsform der Wortart Verb, die im Gegenwartsdeutschen nur noch als Adjektiv vorkommt (z.B. *singend*).

Partizip II: Infinite Flexionsform der Wortart Verb (z.B. *gesungen*).

Partizip Perfekt: s. Partizip II.

Partizip Präsens: s. Partizip I.

Passiv: Grammatisches Merkmal der Merkmalklasse Genus Verbi bei der Wortart Verb; das Passiv ist das markierte Genus Verbi, d.h. hier steht nicht das Agens im Subjekt; es wird mit den Hilfsverben *werden/sein/bekommen* gebildet (z.B. *Ich werde geschlagen, Ich bin geschlagen, Ich bekomme einen Ball geschenkt*).

Patiens (Erleidender): Semantische Rolle, die im Passiv im Subjekt steht.

Perfekt: Grammatisches Merkmal der Merkmalklasse Tempus bei der Wortart Verb; das Perfekt wird analytisch mit den Hilfsverben *haben* oder *sein* im Präsens gebildet (z.B. *Ich habe gekauft, Ich bin gelaufen*).

Person: Merkmalklasse bei Verben, Personalpronomina und Possessiva mit den Merkmalen 1., 2. und 3. Person.

Plural (Mehrzahl): Grammatisches Merkmal der Merkmalklasse Numerus bei allen flektierbaren Wortarten; der Plural ist gegenüber dem Singular markiert.

Plusquamperfekt: Grammatisches Merkmal der Merkmalklasse Tempus bei der Wortart Verb; das Plusquamperfekt wird analytisch mit den Hilfsverben *haben* oder *sein* im Präteritum gebildet (z.B. *Ich hatte gekauft, Ich war gelaufen*).

Positiv (Grundstufe): Grammatisches Merkmal der Merkmalklasse Komparation bei der Wortart Adjektiv; der Positiv ist das unmarkierte Merkmal (z.B. *schön*)

Präsens: Grammatisches Merkmal der Merkmalklasse Tempus bei der Wortart Verb; das Präsens ist das morphologisch und semantisch unmarkierte Tempus.

Präterito-Präsentien: Im modernen Deutsch die fünf Modalverben *dürfen, können, mögen, müssen, sollen* und das Vollverb *wissen*, deren Präsensformen historisch auf starke Präteritumformen zurückgehen.

Präteritum: Grammatisches Merkmal der Merkmalklasse Tempus bei der Wortart Verb; das Präteritum ist gegenüber dem Präsens markiert; es wird synthetisch gebildet (z.B. *Ich lief, ich kaufte*).

Pronomen: Flektierende Wortart mit den Unterkategorien Personal-, Reflexiv-, Indefinit-, Interrogativ- und Relativpronomen.

pronominal: autonom bzw. nicht substantivbegleitend

Quantor: Wörter, die der Quantifizierung von Mengen dienen. Quantoren gehören verschiedenen Wortarten an, z.B. Adjektiven (*beide, viele*) und Artikelpronomina (*mehrere*).

Rezipient (Empfangender)**:** Semantische Rolle, die im Aktiv meist im Dativobjekt, im Rezipientenpassiv im Subjekt steht.

Rezipientenpassiv: Passivkonstruktion, bei der der Rezipient des Aktivs im Subjekt steht (z.B. *Ich schenke dir einen Ball, Du bekommst einen Ball geschenkt*).

Schwasilbe: Silbe, deren Kern ein Schwalaut ist.

***sein*-Passiv:** s. Zustandspassiv.

Sexus: Natürliches Geschlecht im Gegensatz zum grammatischen Geschlecht, z.B. bezeichnet *Mädchen* ein Lebewesen mit weiblichem Geschlecht, das Genus ist jedoch Neutrum.

Singular (Einzahl)**:** Grammatisches Merkmal der Merkmalklasse Numerus bei allen flektierbaren Wortarten; der Singular ist gegenüber dem Plural unmarkiert.

Substantiv: Flektierende Wortart mit den Merkmalklassen Numerus und Kasus sowie festem Genus.

Superlativ (Höchststufe)**:** Grammatisches Merkmal der Merkmalklasse Komparation bei der Wortart Adjektiv; der Superlativ ist gegenüber dem Positiv markiert (z.B. *schönst*)

Suppletivismus: Bildung bestimmter Flexionsformen mit einem anderen Stamm (so genannter Suppletivstamm), z.B. die Präsensformen des Verbs *sein.*

Synkretismus: Zusammenfall zweier oder mehrerer Kasusfunktionen in einer Kasusform.

synthetisch: Nicht zusammengesetzte Formen, z.B. im Tempus- oder Modusbereich.

Tempus: Merkmalklasse bei Verben zur zeitlichen Verortung eines Geschehens mit den Merkmalen Präsens, Präteritum, (Doppel)Perfekt, (Doppel)Plusquamperfekt, Futur I und Futur II.

Umlaut: Vokalwechsel, der bei der Pluralbildung von Substantiven, der Komparativ- und Superlativbildung von Adjektiven sowie der Konjunktivbildung von starken Verben auftreten kann (z.B. *Hut – Hüte, groß – größer – größt, las – läse*).

Unpersönliches Passiv: Subjektlose Passivkonstruktion, z.B. *Am Abend wurde getanzt.*

Unterspezifikation: liegt vor, wenn einer Form in einem Paradigma kein Merkmal einer Merkmalklasse zugewiesen wird, obgleich andere Formen des Paradigmas die Merkmalklasse aufweisen. So ist *Mann* unterspezifiziert hinsichtlich Kasus gegenüber der Genitivform *Mannes.*

Verb: Flektierende Wortart mit den Merkmalklassen Person, Numerus, Tempus, Modus, Genus Verbi.

Verbklasse: Einteilung der Verben in Flexionsmuster hinsichtlich ihrer Präteritum- und Partizip II-

Bildung (stark, schwach, unregelmäßig).

Verschmelzung: Zusammenfall von Präposition und definitem Artikel in einem Wort, z.B. *am* für *an dem*.

Vorgangspassiv: Passivkonstruktion mit Vorgangsbedeutung und dem Hilfsverb *werden* (z.B. *Das Fenster wird geschlossen*).

werden-**Passiv:** s. Vorgangspassiv.

Zustandspassiv: Passivkonstruktion mit Zustandsbedeutung und dem Hilfsverb *sein* (z.B. *Das Fenster ist geschlossen*).

Sachregister